李家三姑娘的苦和乐

Lydia Li Olson 李香辉

成功出版社

李家三姑娘的苦和乐

ISBN： 979-8-9866845-0-5

封面设计：高岚

封面照片：丹尼尔 蒂埃里 张远峰

出版人 : 张忠卿

出版 : 成功出版 / American Success Publishing

定价： US$19.99

美国 旧金山 2022

电话 : +1(510) 366-5166

电邮 : asp665166@gmail.com

目录

前　言

人生一路风风雨雨，千回百转，悲欢离合，酸甜苦辣，每一个决定将把你带到何方，是天堂，是地狱，是光明，是黑暗，谁都无法预测。只有一步步走过，哭过，笑过，才能深刻理会生活的真谛。人生的最高境界是理解，最大格局是善良。我经历了太多风雨，只有天知、地知、我知。我想把这些故事讲给我在乎的人和在乎我的人，用心来说一说话，有的亲人就算看不到，我也想在宇宙留下这个纪念，这就是我写自传的目的。

我生在一个清王朝结束后充满苦难的满族家庭，家庭遗传基因，我生活中三个男人给我的无私的爱，亲朋好友对我的呵护、帮助和支持，老天爷让我经历的与众不同的生活，都是我现如今还能生气勃勃地活着的灵魂之泉。我写这份家史和自传不但是回忆我的生活，也是一份纪念，纪念那些在我的生活中爱我，帮助我，让我能走到今天的亲朋好友们。重新审视人生，使我悟到了人生的路只有勇往直前。回忆我走过的路，有成功之处，也有败笔的遗憾，吸取我应该吸取的教训，跟后人分享我的苦和乐，也算没白来人世间这一遭吧。

我生在一个清王朝结束后充满苦难的满族家庭，生在北平，长在北京，在中国的传统体制下生活了 40 多年，我热爱中国的传统的文化，从一个幼稚无知的，娇惯任性的满族姑娘成长为一个学业出众，文艺体育活动中的佼佼者。中年以后来到美国，深刻体验了西方文化，不但获得了学业上的进步，还把中国传统文化的种子散播在西方世界。我教太极拳， 太极剑，各种气功，在不同场合介绍京剧， 表演京剧。我也喜欢美国的文化。美国人性格开朗，思想开放，助人为乐，善良，诚信。我所经历的政治背景、时代背景、生活背景、工作环境，和所交往的友人在文化上有着巨大的差别。两种不同的文化给我留下的生活烙印也与别人不同，自然而然各种感想和结论也不尽相同。能帮助他们更好地认识我这个人，如果也可以给他们一点点人生的启发，那就算我的侈望了。

在这里我特别要感谢的是我的妹妹李崇香、我的同事和朋友郭梅生女士，她俩是我的第一读者和反馈者。怀着对我的理解支持、关心和爱护，她们花了大量时间阅读，给了我许多中肯善意，直言不讳的建议，我对她俩感恩不尽。感谢我的丈夫丹尼尔，他不但支持我的写作，在电脑技术上也给了我很大的帮助。感谢马晓迪女士。她帮助我加工老照片，使图文更加鲜亮。王靖先生帮我审稿，提出了中肯的意见，让文章更有深度。他们不取报偿，令人感动。尤其我要感谢的是校友贺麟生大哥。2021年为纪念母校外贸学院成立70周年，他出版了一本民间回忆录《不忘来时路》。因为我写了一篇“怀念恩师张荫余”的文章，开始跟他打交道。他的鼓励、指导、编辑、耐心和诚恳给了我不少帮助。这位六十年前就知晓但从没说过一句话的学哥让我相见恨晚。这里且不说他当主编的才能、辛苦、奉献和高见，单是对我写《李家三姑娘的苦和乐》的鼓励、建议、督促，指导，费时费力反复阅读和画龙点睛，足让我感激涕零，在此深表谢意。 此文后边附上贺先生帮我编辑的 “怀念恩师张荫余”，难忘的意大利朋友，以及部分朋友读完家史与自传后写给我的部分观后感，我称为“读者感言”。

人生就是一个大舞台。我们每个人都是舞台上的演员。无论你演主角还是配角，无论你演的是悲剧还是喜剧，台下的观众有的会陪你哭，有的会陪你笑。有的可能很欣赏你，有的可能不待见你， 有的可能根本不在乎。等你演完了，戏结束了，你的人生也走完了。

在我自己人生这场戏落幕之前，把我演的角色回忆一下，供你们哭，供你们笑，供你们鄙视，供你们欣赏，供你们心疼，供你们笑纳，供你们感动，供你们学习，供你们理解或借鉴，总之你们如能从中得到一点点欣慰、理解、启发，教训和鼓励我就满足了。

几十年来我去过很多地方，在不同的地方工作过，见过形形色色不同阶层和不同职业的人，有善良的，有不怀好意的，有喜欢耍小心眼的，有很大度的，有小肚鸡肠的，有心像金子般似的，有充满爱心的，有自私自利的，有羡慕的，有嫉妒的，有火中送碳的，有背后扎一刀的。我还有过几十个喜欢我，不喜欢我，帮助我提拔我，看不上我打压我的上司。交过上百个各种各样的不同国家的朋友。也教过上千个学英文，学中文，学气功和太极拳的学生。我心中有很多故事可讲。但是亲朋好友都希望我集中写写自己的故事，那我就从我的家庭出身讲起吧。

我的家庭背景

我的爷爷李月川（1882-1941）清朝皇宫銮仪卫大当家，三品俸禄，也是后来故宫的“导游”。

我的二姑李燕明（1913-1988）有一儿二女。她最喜欢我了。

每个寒暑假她都让大表姐接我到她家度假。晚饭时把好菜夹给我。她最喜欢看我给她表演评剧“刘巧儿”，“小女婿”，“小二黑结婚”，等。

二姑的精明能干，吃苦耐劳，敢说敢做，聪明智慧，热心善心都留给了后代。在大表姐，小表妹，甚至妹妹和我的身上都有她的遗传基因。

我的父亲李广和（1904-1963）解放后任故宫保和殿保管员。

奔忙劳苦一辈子，六岁时就给中国最后一个皇帝溥仪打小黄伞。

1924 年溥仪被轰出皇宫后，爷爷和父亲的生活就是王二小过年一年不如一年。爷爷去世后，爸爸就承担了全家包括他两个妹妹的生活负担。

爸爸性格刚强，吃苦耐劳，为人耿直忠诚，有胆识，敢抱打不平的品质都给了我极大的影响。我 17 岁时就失去了父亲，得了好几年的神经官能症。我的体型，表情，性格极像爸爸。

我的妈妈李张氏（张文福）（1906-1979）51 岁时与 1 岁孙女李影

妈妈美丽大方，为人正直，眼里不揉沙，看人入木三分，里里外外一把手。妈妈喜欢看京剧，话剧，曲艺，电影，欣赏文艺体育活动：70 多高龄还跟我到北京工人体育场观看国际足球比赛。在一万多观众中，妈妈是唯一白鬓苍苍的女士。我出生时，妈妈已 40 岁。对我视如掌上明珠，娇惯溺爱。享年 73 岁。

我的哥哥李崇启（1929-2013）北京塑料机械厂副厂长兼车间主任命不逢时，出生在几乎穷困潦倒的旗人之家，从小就吃尽了苦头。因为极其聪明淘气挨了父亲不少打骂。好容易成家立业了，又夹在婆媳不和的矛盾之中，受尽了夹板气。好在老年幸福快乐，以享天年，终年 84 岁。

我的大姐李崇敏（1925–2000），天津 754 厂幼儿园园长。

一辈子劳碌奔忙，为三个铁塔般的儿子无私奉献，操碎了心。

我的大姐夫田林（1919 年 –1978 年）天津发电设备厂的工程师。我的大姐夫是个有才华、正直，勤奋的美男子。大姐比我大 20 岁，我还未满十八岁失去了父亲，他们夫妇俩待我和妹妹就像父母一样。50 年代初她们一家搬去天津，膝下三个儿子。寒暑假时我和妹妹常到大姐家度时光。 大姐夫烹调手艺至今难忘，鸭汤熬白菜和雪白的大馒头是我最爱，妹妹还记得大姐夫的白案（做面食）特别好，捏出小刺猬、小兔子、还有糖三角，都精灵可爱。可惜大姐夫在文革中受尽冤枉，肾被打坏，59 岁就过早离世，留下 53 岁大姐以泪洗面，多少年走不出对他的思念。

二姐李布辉（1933–2019），原北京清河制呢厂整染车间主任，后调宁夏京剧团当会计。 二姐聪明美丽，文体具佳。对我精心栽培。二姐夫叶盛富（1932–1998），宁夏京剧团花脸演员兼政工科长。他们伉俪夫妇一直是我家经济主要支持者。还是我爱好京剧的领门人。

第一章

我的少年时代

我从来都没见过我的爷爷和奶奶，也没见过姥姥和姥爷。听说爷爷叫李月川，一辈子在皇宫（外国人叫紫禁城，现名叫故宫）里服务，是皇宫里銮仪卫大当家的，生前拿三品官的俸禄，给慈禧太后和光绪等中国有名的统治者当差。皇家有什么大事小事，该用什么等级的轿子，打什么样的彩旗，奏什么样的音乐都是爷爷管。我管爷爷的差事叫“清朝皇家礼宾司司长”。李家是正黄旗爱新觉罗一支。祖祖辈辈都是伺候皇上的。爷爷兄弟有 5，6 个。李月亭、李月陆、李月川、李月清和李月府，他是老三。我妹妹手中留有爷爷 56 岁时的一张照片，个子高挑，穿着长袍，面部严肃，典型的一个满族老头。从我们几个后代身上都可以看得出他的相貌遗传，比如三姑，二姑的大女儿、我的大姐、哥哥和我、大表姐的二儿子，以及我妹妹的儿子，都继承了他的嘴形、牙齿和眼睛。我们几个人站在一起，活脱李家门的后代。

爷爷这张照片的后边用墨笔写着住址：北平内五区羊角灯胡同 7 号，是一个离故宫很近的地方。照像馆的名字和地址是北平东安门外八面槽广生照相馆，时 56 岁。照相三年以后爷爷 59 岁时就去世了。我在谷歌地图上查到了羊角灯胡同。原来是在前海和恭王府之间的一条胡同。当年只有属于正黄旗的旗人才能住在这个地方。从皇太极建立清朝开始共有 12 位皇帝。清朝入关以后共有 10 位皇帝，都是正黄旗人。清朝 12 位君主分别是：努尔哈赤、皇太极、顺治、康熙、雍正、乾隆、嘉庆、道光、咸丰、同治、光绪和溥仪。在宫里给他们服务的基本上都是正黄旗人。

很多人可能不知道八旗是怎么回事，尤其是年轻人。清代八旗子弟作为一个特殊的军事群体，是由不同民族组成的。除了满族，汉族和蒙古族外，还有鄂温克，达簳尔，锡伯等。清兵入山海关以前，努尔哈赤（清太祖）把满洲军队分成了四旗，后又由四旗扩充为八旗：正黄，正红，正白，正蓝，镶黄，鑲红，镶白和鑲蓝。刚入山海关时，男丁能骑善射，勇于征战。入关以后，由于他们参与“开国有功”，地位特殊，世世代代享受俸禄或受到照顾。清末许多旗人都非常会享乐，喜欢听京剧，唱京剧，看娱乐节目，练武术，怕劳动，怕吃苦。男的养画眉，玩票（非职业演员从事戏曲表演），逗蟋蟀，放风筝，玩乐器，坐茶馆，一天到晚数不尽的吃喝玩乐的事。女的也各有各的过日子的门道。（可惜的是爷爷和爸爸都为养活家奔波劳碌，皇帝在时有俸禄，除了得夹住尾巴做人，谨谨小心外，生活尚不发愁。皇帝被轰出宫后，生活也没有了来源，所以没有缘“享受”到这些闲情逸致）。

这里请允许我插一段历史。

溥仪是中国最后一位皇帝，1911 年孙中山领导的辛亥革命推翻了满清王国的统治，建立了中华民国。溥仪到了东北以后，在当今的吉林省长春市（当时叫新京）建立了满洲国。国务总理大臣先后是郑孝胥（1932-1935）和张景惠（1935-1945）。满洲国建立于 1932 年 3 月 1 号。年号大同。满洲国当时的经济很强盛。世界上有 23 个国家承认满洲国。其实满族在打入山海关之前就是在东北。历史上的辽国，女真族，努尔哈赤就是清朝满族的祖先。溥仪回到东北想重立祖业。遗憾的是满洲帝国只成立了两年，1934 年就被日本掌控了，一直到 1945 年，苏联进攻满洲国（1945 年 8 月 9 号）。溥仪 1945 年 8 月 18 号宣读退位诏书。溥仪被苏军俘获。1950 年 8 月交给了中国。溥仪成了战争罪犯，一直到 1959 年被特赦释放。

可怜溥仪皇帝小小年龄登基，成了万人之上的皇帝，吃喝拉撒都有人伺候，何等威风！后来竟被日本人任意摆布，又受到两个红色政权的专政，可怜，可惨，可悲，可叹也。

还是言归正传，回到我们李家门吧。

爷爷家住的羊角灯胡同，是乾隆年间专门制作各种各样宫灯的地方。红楼梦和金瓶梅小说里都提到过爷爷住过的这个地方。相声大师侯宝林五岁时也住在这里。妈妈的娘家在离这儿不远的护国寺里的棉花胡同。多年来我从爸爸，妈妈，二姐，姑姑，表姐和妹夫等口中陆陆续续地听过我们李家的事。

1918年奶奶三十几岁就去世了，那年我爸爸刚14岁。爷爷的一个弟弟在交通部当过头。末代皇帝溥仪皇帝被撵出故宫后，旗人家里没有了经济来源，听说另一个弟弟把住宅卖了（就是后来的辅仁大学），曾在那儿开了一个花洞子（就是一个花房）。爸爸还在他叔叔那里帮过忙。怪不得爸爸那么爱花，也会养花呢。记得在旧鼓楼大街小石桥住的时候，我下学一进屋就能看到爸爸最擅长养的文竹，水灵灵绿油油的枝叶从擦得亮亮的紫红色的八仙桌上垂下来，在阳光下充满了生气。直到现在，我对文竹也偏爱有加，养得也不错，看到文竹就好像看见了爸爸看文竹时的微笑脸庞，这也算是我对他老人家的念想儿吧。

爷爷那一代肯定每个人都有自己的故事，我只见过四爷爷。他个子不高，留着小胡子，非常和气，总是穿的整整齐齐，柱着一个挺讲究的手杖。他有一个女儿，住我家后边的旧鼓楼大街大石桥胡同，我管她叫小姑，是北京市第六幼儿园的院长。她长着一双大眼睛，脸圆圆的，嘴边有一个大痦子，总是炯炯有神，见我就笑。那时我家在故宫博物院宿舍旧鼓楼大街小石桥胡同11号（原来的地址是大石桥胡同50号，小石桥是后门）。我在北京23中读初中的时候经常到小姑家去。她有一个儿子，小名叫橾子。爷爷一代我只见过四爷爷这一家亲戚。很亲切。

爸爸去世时才59岁，跟爷爷的寿命一样。爸爸生前跟我说过，李家的男子没有活过60岁的.（不过我哥哥活到了84岁。可是他的儿子，我唯一的侄子才活了57岁）。记得爸爸的棺材在小石桥自家门口停灵的时候，四爷爷还没进屋就扶着棺材哭了。口中只喊，我的大侄子呀。是我出去把他老人家扶进屋里的。那时我才十七岁，根本不懂什么事，后来也没了联系。否则我可以从四爷爷那里了解到许多李家的事呢。

李家坟地在北京安定门外的小关北顶村。我们把爸爸的棺材埋葬在李家坟地的时候是我第一次去，看到了李家的坟地。那是1963年寒冷的三月。载着爸爸棺材的车，一直往北开，到了安定门外小关，远远地就看见一大圈松柏树，后来我们数了一下，一共有363棵。哥哥说，到地方了。长到17岁，我不但从没去过任何坟地，也不知道我们李家有个大坟地。

爸爸妈妈也从来没有跟我提起过李家坟地之事。1949年解放以后，满族人都不敢提自己家的历史。另外除去爸爸以外，我也没有见过死人，现在要去坟地了，我有点紧张，加上失去父亲的痛苦，心里七上八下的。

卡车开到坟地旁边的几间房子前，里边走出来一个老奶奶，妈妈让我们管她叫宋大妈。说是祖祖辈辈给李家看坟的。到他们这一辈已是第六代给李家看坟了。没说几句，她就带我们去看爸爸将要埋的地方。我胆战心惊地跟在人群里边，这时才看清原来是一大片地，大概有几百平方米。（后来在妹妹家看到了有北京市1951年5月1日市长彭真和副市长张友渔红字盖章的北京市郊区土地房产所有证，地理位置，面积大小。上边还印着"特给此证，任何人不得侵犯"之字）。我和妹妹才知道祖坟的面积是3亩。一亩地等于666.67平方米。那么三亩地就约是2000平方米，大约有五个篮球场那么大。妹妹听爸爸生前说过坟地是老祖宗在同治年间买的地（同治年始于1862年，终于1875）。我们的老祖宗一定是个大官，可是家谱在爸爸大爷的家中，两家早就没了来往。我对历史和李家祖上的事非常感兴趣。但无从寻找。这也是我下定决心要写出我所知道的家史，让后代有所了解。

宋大妈指着顶头的一个大圆坟头说，这就是你们李家老祖宗的坟。里边埋着的不是棺材，是骨灰坛子。多年来我也不懂为什么老祖宗那时就有骨灰了，而且是放在坛子里。数了一数，祖坟两旁从西向东有两大竖排，每一横排是一辈，每一横排有四个坟头。每四棵松柏树围着一个穴位。从祖坟的上手边往下数，左边第八个穴位已经挖好了一个大坑，那就是爸爸的位置了。那第七个坟头就是爷爷的了。爸爸的下边还有两代人的位置，再往下就没有穴位了。当年宋大爷说过，你们李家祖上请来的风水先生看的多准。这剩下两个位置，一个是你哥哥的，最后一个是小丰的（我唯一的侄子），以后就后继无人了。果不其然小丰没有儿子，只有一个女儿李菲儿，是哥哥的唯一的孙女儿。爸爸和妈妈的重孙女儿，是李家唯一的一条根。现在在西班牙读大学。

祖坟的后边还有一堵女儿墙，听说李家没出门子的（没出嫁的）格格都葬在那里。

我在北京上学工作时经常在清明时和妹妹一家带着大侄女去扫墓。我的女儿王晓楠 4 岁时还和妹妹的 5 岁的儿子马晓威给姥爷姥姥磕头，烧纸（爸爸去世 16 年以后妈妈去世了。妈妈的骨灰盒与爸爸的棺材埋在了一起）。我们那时已有照相机了，照了许多照片，留下了永久的纪念。

后来我去了美国，妹妹和妹夫一直盯着坟地的变迁，开亚州运动会的时候，需要修一条路，占了坟地一部分，妹妹和妹夫始终盯着工程的进展，做了记号，周围的松柏树原有 363 棵，只给了 85 棵树的钱，人民币 3876.75。地就是国家的了，一分钱也不给。后来又建民族园，坟地上剩余的树，就没有补偿了。施工时，我们签了字，同意把爸爸妈妈的棺材和骨灰盒就地深埋，除此之外也没有办法。妹妹知道爸妈深埋后地面上的位置。就在北京第四清洁车辆厂对面，从民族园十字路口往南数第十三和第十四根路灯中间，民族园南园三塔寺的东边。现在李家的祖坟变成了活动场所。人们在上边，打羽毛球，练武术，滑旱冰，吹萨克斯管，唱歌，跳舞等等。好象他们在为九泉之下的父母歌舞。我回国妹妹带我去时，发现李家祖坟正好在北京市的中轴线上。不知为什么心中好像得到了一点点安慰（爸爸妈妈一辈子都没有离开过北京，离世后至今仍躺在北京的中轴线上）。每年清明节妹妹和妹夫都到祖坟之地烧纸悼念爸爸妈妈。侄女有时也跟他们一块去。因为我一直住在美国，不能尽孝，我深深地感谢他们。

爸爸是老大，还有两个妹妹：非常疼爱我的二姑和三姑。奶奶是在爸爸才十四岁时就去世了。二姑是属牛的才 5 岁，三姑是属兔的才 3 岁。爷爷从来没有续弦，因为怕两个女儿受后妈的气。当年二姑给我讲李家的这些事时，我充满了对只见过照片的爷爷的敬意。溥仪皇帝 1911 年下台，1924 年被轰出宫，原来吃穿不愁的八旗子弟什么本事也没有，只好去当铺当家里的东西。

爸爸 1924 年 20 岁结婚时，妈妈 19 岁。李家还有点家底儿。记得我上初中时，有一次邻居白大妈来我家聊天，妈妈看着我说，我嫁给你们家是下嫁。我不明白是什么意思。妈妈不是和我一家人嘛。她解释说，我们家是正红旗，你们家是正黄旗，我们家祖上都是骑马带兵当官儿的，你们家都是伺候皇上的！所以我嫁给你们家是“下嫁”。我结婚的时候，出来看我花轿的人占满了两街。我问为什么，妈妈骄傲地说，那是啊，给我抬花轿的都是过去在宫里给皇上家抬轿子的。你爷爷是鸾仪卫大当家的嘛。白大妈在旁边羡慕地说，是啊，銮仪卫大当家的娶儿媳妇，那走的是什么脚步啊。您坐在里边多稳当啊。白大妈还冲着我说，“三姑娘，你可没福享受那样的日子喽。你妈妈个子高又梳着两把头（满族妇女的发式），下轿子可得低头啊”。我可以想象得出来妈妈当年的气派：1 米 64 的标准个儿，双眼皮大眼睛，不大不小的有棱角的嘴，白白的皮肤，准是个大美女。当时如有照相机或摄相机该有多好啊。可惜妈妈当年的风采连一张照片都没留下。我现在一看到人们演戏或照相穿旗人的服装时，都会给自己插上想象的翅膀，想象妈妈出嫁时那场面，那气势。那是一张没有照片的图片，那是一盘没有录像带的画面。妈妈就是那美丽的主角。

可惜我长得不象妈妈，二姐继承了妈妈的美貌，妹妹也有点像。听说妈妈结婚时，8 间房屋装满了雕花的紫红漆家具和各种各样的瓷器与古玩。我着急地问，那些东西都哪去了？妈妈指着桌上的一套白菜图样的茶壶，一套九桃茶具和几个花瓶盖碗等，失望地说，就剩这些了，都当了。全家得吃饭呀。后来二姐把仅剩的几件瓷器带到了宁夏。二姐夫叶盛富本是中国京剧院四团架子花脸，中央派马玉槐到宁夏当宁夏回族自治区书记时，他向周总理提出的条件就是把四团带走。演海港的梅派青衣李丽芳，程砚秋的大弟子王吟秋，著名的武花旦班世超，著名的杨派老生李鸣盛，活孙悟空女老生余鉴，著名小花脸，茹绍魁，徐鸣远，刘连伦等等许多著名演员都在这个团（刘连伦先生现如今是中央电视台戏曲第 11 频道的主编和采访记者，每次我回北京，他都请我看几场戏，有时带我到后台去采访著名演员，如花脸专家尚常荣先生，新秀老生傅希如先生等）。老四团一离京就是五十多年！在搞文化大革命时，当地武斗，二姐和二姐夫回京避难，二姐藏在家中夹道里的一筐清朝瓷器都被砸烂了。

妈妈一嫁进李家门就当了嫂娘，两个小姑子一个 11 岁，一个 9 岁。

我去美国前到丰台区去看二姑一家。怕她伤心，没有提我要去美国之事。我想再听听李家历史。就逗留了很长时间，我还带着大姐的二儿子田汶树，二姐的大儿子叶纯和我的女儿王晓楠。当时拍了很多照片。没承想那是我们娘儿俩的最后一面。我到美国第二年，二姑就因病去世了，我非常伤心，二姑从我一出生就十分爱我，还好的是她离世前一年我去看了她，否则我连下边的故事都听不到了。

二姑跟我说，奶奶去世后，她和三姑姐妹俩经常跟着她们的爸爸，我的爷爷，进故宫东华门在放彩旗的大库房里爬大杆子玩，有时爷爷值夜班，她们就在那里住一晚上。我听到这些往事时，惊喜地说，那你们也算住进过皇宫呀。经历不一般呀。

俗话说长嫂如母，妈妈和两个小姑子的关系非常密切。我小的时候妈妈经常带我去姑姑家。她们成家以后都住在天安门西边的北长街里边。二姑的丈夫，我叫她二姑爷，祖辈是镶红旗，妈妈的娘家是正红旗，所以他们两人有很多共同语言。

这次写家史时跟二姑的大女儿，我的大表姐程玉蓉聊天时，才得知他的大爷，二姑爷的大哥，曾经告诉她说，他们程家的老祖宗是黑龙江的，属于镶红旗，老姓是四个字，遗憾的是大表姐当年还小，根本没往心里去，也记不得那四个字是什么了，连他们的户口上报的都是汉族。三姑爷家姓王。二姑三姑两家隔着不远。每次我都是先去二姑家，再去三姑家。我有八个表兄弟姐妹。加上我自己的一个哥哥，两个姐姐和一个妹妹以及这些人的第三代，第四代，得有几十口人了，李家还算家丁兴旺吧。

其实我还应该有一个姐姐和哥哥，叫李崇贵和李崇福。三姐在五岁的时候得了大脖子病，可能是腮腺炎，总流脓水也治不好就死了。二哥在100天时发高烧，拉肚子不止，就夭折了。这五个哥哥姐姐都相差四岁。我看过一本书，书上说，按属相算，不管男女，差四岁或四岁的倍数是两个人性格最合得来的属相了，而差三岁或三岁的倍数就叫犯属相，可能矛盾较多。妹妹说妈妈告诉她，她是老八，因为大姐和大哥之间还有一个孩子，夭折了。

二哥去世四年以后，我就出生了，成了李家的三姑娘。因为我前边死了两个孩子，爸爸妈妈视我为掌上明珠，真是捧着怕摔了，含着怕化了。我出生那年，二姐十二岁，我的一生她待我像个妈妈。我跟她阴历生日是同一天，我们姐俩亲密了一辈子，总有说不完的话，可惜她如今已离世，享年 86 岁。否则她能看到我写的这本书，她该多高兴啊。我出生时，二姐刚上完小学，爸爸就不让她上了，让她在家看我。因为爸爸还要去故宫上班，妈妈正给东单三条一家日本大夫诊所帮忙。二姐说那家日本太太很仁慈，跟妈妈说，“你生完女儿回来工作时，让小姑娘（指二姐）带你的女儿来这里玩，你就可以喂奶了”。所以二姐就看着三个孩子，除了我以外，还看日本太太的两个小女儿。多年来我家抽屉里一直存着那家两个日本小姑娘的照片。一个叫达鲁姜，一个叫代鲁姜。好像是几个月照的，还不会走路，坐在床上，黑黑的日本头，留着日本姑娘特有的刘海，大大的眼睛。我还曾幼稚地问过二姐，能与他们联系上吗。二姐只是默默地摇摇头。

听二姐说，有一天日本大夫一家，天黑以后就离开了，屋里屋外好多东西都没带走，第二天就剩下当厨师的和妈妈两个人，不知该怎么办。他们一样东西都没动。日本大夫一家一直都没回来。听说跟地下党有什么关系。就这样妈妈失去了工作。二姐还时常想念她看过的那两个日本女孩。

爷爷当年在世时，李家还不愁吃穿，原来住在羊角灯胡同，可能是家境越来越不好，爷爷去世前一两年就搬到了景山后街的三眼井胡同。爸爸是 1904 年 9 月 21 日在北平出生的，比末代皇帝溥仪大一岁半。溥仪是 1906 年 2 月 7 号出生在后海的醇亲王府（解放后是卫生部）。溥仪不到三岁时，光绪和慈禧太后在 24 小时内先后死去。中国的末代皇帝溥仪（年号宣统）不满三岁（1908 年 12 月 12 号）就登基了。听二姑说爸爸几岁的时候就在宫里当差 --- 给溥仪打小黄伞。怪不得爸爸比一般旗人讲究的多呢。那种种清规戒律，壁垒森严的紫禁城，闷得人喘不过气来。中国有句古话“伴君如伴虎”。本应是青春年少，朝气蓬勃的年华却被束缚在无形的蜘蛛网中。难怪爸爸一辈子做事总是那么过分认真，不允许有一点儿差错，穿了十几年的皮大衣，外面上竟没有一个油点儿，黑皮鞋上没有一个划痕。那紧张可怕的生活环境使爸爸的性格显得过分严肃，古板，对什么事都过分认真。用北京话来说，就是“较真儿”。

家中每个人好象都怕爸爸。在我心目中，爸爸就像一颗顶天立地的大树，近一米八的个子，宽宽的肩膀，威武庄严，眼睛不大，可是炯炯有神，目光敏锐，什么都逃不过他的眼睛。爸爸总是穿的整整齐齐，很有风度和气派。我从小就感到他是一个十分爱孩子的父亲。在寒冷的冬天，爸爸从故宫骑车下班回来满身凉气，经常从自行车把上拿下一个包，里面有我最爱吃的驴肉丸子，炸咯吱，酱肉和冰糖葫芦。爸爸，妈妈，妹妹和我围坐在炕上的小楠木桌四周，爸爸品尝着二锅头酒和炸花生米，不但让妈妈也时不时地喝一口，还把筷子蘸在酒杯里然后放到妹妹和我嘴里让我们尝尝。这是我能看到爸爸脸上难得的笑容的时候。爸爸的笑脸让我心中也开了花。

爸爸脸上有笑容的时候，整个房间的空气都是轻松的。在某些方面他对我们极其严厉。比如说不许随便把同学带家来，哪个女同学能不能来家里要经过他的准许，男生没门儿。爸爸在世的时候，只批准了两个女同学可以来我家玩儿。在我长大的过程中，不知爸爸有多少规矩我们要遵守。老同学苏恩涓曾跟我开过玩笑，她说得回（多亏）你爸爸管你管的那么严，否则不知你得淘成什么样儿呢。从小我就是不让大人省心的，总爱出事的孩子。二姐曾经叮嘱过我的美国丈夫，“她（指我）永远长不大，老让人不放心，随时都会有危险”。弄的他对我也是担心，什么事恨不得都要亲力而为，只要我俩出去，他不让我开车。我自己开车出行，他也总是牵挂，总怕我出什么事。买回来的副食品也不让我拿进屋里，怕我摔跤。

当年故宫博物院的单士元院长（1907—1998）与我家都住在旧鼓楼大街小石桥 11 号故宫博物院宿舍的大院里。我妈妈会读不会写，我被“流放”到贵州以后，来往信件都是单太太给读，给写的。至今我也没有机会当面谢谢她。听妈妈说单太太虽说比妈妈小，因为祖上联亲，妈妈还应该管她叫婶呐。单院长的女儿还当过我侄女，侄子的校外老师。侄子小时淘气，在院子里经常被其他孩子欺负，单老师经常保护他。这些人可能都已作古。如今回忆起这些，单太太那白净慈祥的脸庞和单老师那美丽的大家闺秀的样子仍然历历在目。如果有朝一日他们的后人能读到我写的这些，也算奇迹。请接受我的一拜吧！

1945 年经过八年抗战，日本战败投降了，我的家和中国的每一个家庭一样，饱经战乱，在亢奋中渴望和期待着和平，安祥，顺利，安康的日子。可是中国人民的生活又进入了另一个苦难阶段，国共战争又爆发了。二姐跟我聊天时告诉我说家里孩子多，吃饭都成问题。爷爷在世时还好，去世以后爸爸才 32 岁，一家的重担都压在他的肩上。故宫的一份差事不够养活全家的，爸爸不得不找第二份差事。上班进故宫得穿长衫，让好心的兄弟盯着，自己睡会儿觉，下班以后找一个没人的地方换上短衫去拉洋车，挣点钱好养活一大家子。长衫短衫是那个时代不同阶层的代表。有地位，做脑力工作的，士大夫阶层的人都穿长衫；干体力活的，做苦工的都穿短衫。爸爸在白天还不敢拉车，拍碰见熟人被人家笑话。天黑了以后才敢出去拉活，经常是晚上 11 点才能回家。

妈妈在诊所里看病人，晚上经常不能回家，大姐和哥哥都在外边学徒，二姐 7，8 岁一个人在家，给爸爸等门，所以她跟爸爸感情最深。大姐，哥哥，得养活自己给家里省点钱。那时学徒，先得给师傅家做家务活，什么买东西，做饭，看孩子，洗尿布，倒垃圾，脏活，累活都是学徒干。大姐在一家韩国人开的烟馆卷烟卷，写账单。我听说过哥哥在好几家当过学徒，吃了很多苦，他跟我说过小时候他没过过一天好日子。二姐也给我讲过哥哥的苦难日子，听的我心中好难受啊。这里从简了吧。

二姐有一次伤心地对我说，她从小很少穿鞋，因为家穷买不起，总是穿一双木质的拖鞋，虽然满族人不裹脚，可是一个姑娘家长了一双大脚，也不好看。她得穿 40 号的鞋。我心疼她小时候没有鞋穿，工作以后有了工资，经常给她买鞋，可是买双大号的鞋很费劲，我到美国以后，每次回国都给她买一双大号鞋。

写到这里，我想起当代著名男中音歌唱家廖昌永的一个故事。他当年从四川考上上海音乐学院后，贫穷的妈妈东凑西凑钱给他买了一双皮鞋，好穿去上海音乐学院报道，没成想下火车时外边瓢泼大雨。廖想这是我唯一的一双皮鞋，妈妈那么幸苦给我买的，我不能把它弄湿了，于是就脱下皮鞋把它夹在腋窝下光着脚，跑到了学校。当我听到廖昌永的这个故事时，不禁热泪滚滚。那么世界闻名的一个歌唱家竟然有那么尴尬的经历（廖昌永现任上海音乐学院院长，光着脚跑进音乐学院的故事也成为激励全校学生的活教材）。这让我想到了二姐苦难的童年。妹妹也告诉我，当年她上学时，带着男女同学们踢足球，同学们怕把鞋踢坏了，都脱了鞋，光着脚踢足球。想想我，现在少说也有几十双各种各样的鞋，真是惭愧！

我从二姐那里听到爸爸为养活全家而奔忙劳碌时，心如刀割一样。他是多么有尊严的一个顶天立地的大男子汉！晚上还要偷偷去拉洋车养家！白天在故宫看三大殿，晚上还要出去卖命。爸爸生前从来没跟我提到过过去苦难的一点一滴。在那艰难的岁月，爸爸为了养家从不叫苦，一年四季，成年累月忍受着寒冬酷暑，吞咽着耻辱，含辛茹苦，把儿女们拉扯大。听到爸爸的故事后，我的心里在流血，我再也不坐三轮车了！

还好这种苦难的日子不太长，我们家的状况就改变了。新中国成立以后，爸爸在故宫里当保管员，主要任务就是看保和殿。不过也经历了一段让家人担心的事情。刚“解放”的时候，我只有五六岁，记得有一天，天黑了好长时间爸爸还没回来，妈妈等了一夜也没消息。一连好几天，妈妈急得到处打听，最后才打听到故宫博物院的人都被带到朝阳门外的一座寺庙里边“学习”去了。后来我才知道那个寺庙叫东岳庙，是个道教寺院。庙的对面是神路街，爸爸妈妈四十年代时曾在那儿住了几年。因为死了两个孩子，说是风水不好，就搬走了。

我那时年纪太小不懂得发生了什么事情，爸爸没回来妈妈急的吃睡不安。只记得妈妈带我和妹妹到一所庙的大门洞里等了半天，传达室里的人都穿着军装。一会儿，看见爸爸从里边走出来了，我和妹妹一边叫着爸爸一边扑了上去。那是爸爸第一次离开我们。看见爸爸人是好好的，只不过剃了个光头，也消瘦了，好几天没看见爸爸了，这时我说不上来是高兴还是难过。爸爸把我和妹妹搂在怀里说，“没事儿，过几天我就回家了”。记不得呆了多长时间，只记得爸爸又走回去了，还笑着向我们招手。那是我第一次经历的人生离合的复杂感情。

后来我上了小学，爸爸需要上交自传交给领导的时候，就让我执笔。爸爸很自豪地跟我说，“你爸爸这辈子就是这点硬气，没做过亏心事，什么都不怕。刚解放的时候，共产党把我们这些在故宫做事的人都给集合到朝阳门外的东岳庙里，这通儿追问，主要问谁私自拿了故宫的什么东西没有。这么多年来，总有手脚不干净的。今儿问不出来，明儿问，明儿问不出来，后天问，早晚得给你问出来。不管他们怎么问我，还是那一句话。没有就是没有。人正不怕影子歪”。爸爸的话给了我极大的影响。爸爸那硬骨头的性格也让我继承下来了。

在我的生活中不论遇到多大的事，受了多大的委屈，我从来什么都不怕。能忍就忍忍，不能忍就反抗，跟对方吵架，辩论。1966年的文化大革命，多少人为了保存自己，“出卖了”同学，同事，朋友，上级，老师，甚至家人，或是屈服于各种压力，昧着良心做出了对不起人的事情。我照样是爸爸那种“犟脾气”，什么也不怕，敢跟造反派站在桌子上辩论“老子英雄儿好汉老子反动儿混蛋”是谬论；我一个女生和一群造反派在贸院前马场图书馆前边辩论。他们怎么挖苦我，嘲笑我，我都不怕，据理力争。最后他们只好怏怏离去。不论走到哪儿，我都是那个抱打不平，敢出来说话的人。

我的小学、高中和大学同学苏恩涓，最近跟我微信视频，提起一件我已经忘掉的一件事。她说，“我从小就佩服你的大胆儿，天不怕地不怕。六年级时，不记得为什么你跟班主任刘凤莲老师在教室里辩论起来了，老师批评了你，你说话的声音那么大，我们都不敢出声儿，后来你干脆拿起书包就回家了，连课都不上了。我们大家吃惊的看着刘老师，谁也不敢说一句话。我至今都记得清清楚楚的”。我一点记不得这件事了，只记得刘凤莲老师是我最佩服的老师。她那厚厚的眼镜下面，总是目光炯炯。对我充满了爱惜和欣赏。我小学毕业以后，还经常回去看她。后来她回老家天津去了，从此我就再也没见过她。当年我跟她吵架，一定把她气的够呛。刘凤连老师，我在这里向您道歉了。

我上初中的时候，一直是班主任的宠儿，三年都当大队长和班主席，可我的逆反性格跟两个班主任当着全班同学面吵过架，现在想起来都后悔不及。他们得多丢面子，对我多失望啊。我也没有机会向他们道个歉，这里写出来，就算跟老师赔礼道歉吧，如果他们在天有灵，希望他们能看到我的忏悔，原谅我这个充满叛逆精神的小刺猬吧。

新中国成立后，大姐，哥哥和二姐都被招工，在不同的国营单位工作，有了固定的收入和福利。等于全家四口人养着妈妈，妹妹和我三口人。爸爸总说我的出生让李家脱离了贫困，给李家带来了福气。所以对我更加疼爱，视入掌上明珠。刀子、剪子都不让动。做饭，洗衣，刷碗，扫地，收拾屋子等等什么都不让做。妈妈给我惯的也够呛，打点醋，买点酱油都是妹妹的事儿。还没入冬，就给我穿上了棉衣棉裤和棉鞋。

奇怪的是我这么娇气，还总生病。从一岁到十二岁，秋风一吹就开始咳嗽，年年得支气管炎。妈妈或爸爸得带着我到前门大栅栏里的同仁堂看一位瘸腿的李大夫，吃上十几服药才能好。夏天一热我就长痱子，总被蚊虫叮咬，至今左眼还留下一个疤痕。二姐说是痱毒闹的。记得妈妈夏天时总拿着一把大的芭蕉扇，晚上坐着给我和妹妹扇着，怕蚊虫咬着或热着。我还对细菌特别敏感，吃的有点不干净或凉着了，就上吐下泻。到现在仍然如此。妹妹比我小两岁半。可是特别皮实，很少生病。直到今年（2020年春）冠狀肺炎席卷全球，上百万人中招，死亡，大家不得不囚在家里。正好我与先生住在意大利，十个月圈在家里，我就动笔写家史和我这一生的经历，才有了和妹妹聊长天的机会，听说了许多以前没听说过的事。也才明白为什么多年来妹妹对我这个受宠的姐姐不但不嫉妒，反而处处照顾，就好像她是我的姐姐。妹妹还告诉我，她来预科找我时，同学们开玩笑跟我说，你姐姐找你来了。她比我健康，家里的事都让她做，这也是让她感到到自豪的地方。

妹妹告诉我爸爸其实一直拿她当个小子（男孩）来养着。比如说，我上公立小学二年级时，爸爸把她送到私立学校去读书，那时她才 5 岁多。她还记得那穿着长袍，留着一根小辫子，手里拿着教鞭的老师。每天晚上爸爸喝的二两白酒二锅头都是让妹妹去胡同口儿的小铺儿打；去隆福寺买花时爸爸都骑车带着她去，买好花以后，把她送到公共汽车站让她抱着花盆坐车，爸爸在下车的车站等她，然后把花放在自行车上一块儿回家。妹妹记忆中是我小时候总生病，家里的大小事情都靠着她。她很自豪，聪明能干，所以自我感觉良好，反而随着大人担起了照顾我的责任。怪不得很多人都夸我妹妹比我精明能干多了，说妹妹眼里不揉沙，看人入木三分，说话干脆利落，办事麻利，嘴上厉害，从不饶人，谁也欺负不了她。而我呢，看着挺聪明，实际上“特傻”，被人卖了还帮人数钱呢！我俩小时候穿一样的衣服，像个双胞胎，长大以后性格大不相同。

其实我们每个人在来世之前，冥冥之中已经有了一个位置。比如说，出生在什么家庭，是穷还是富，一生遇到什么人，是朋友还是敌人，是恋人还是夫妻，是和睦的兄弟姐妹，还是吵架拌嘴，甚至变成了不过话的一家人，包括所生儿女，是来报恩的，还是来讨债的，是来做朋友的，还是过路人，这都是先天注定，更改不了的。人世间不管是谁，只要遇见了，就是不同的缘分，有善缘，有恶缘。总之来到你生命中的人，都有他的意义，都有他的使命。

我在美国多年，在中国的许许多多事情都是妹妹帮我照料，我遇上了什么事情也都跟她念叨，请教。几次回国探亲，除了自己外，两次带了美国女朋友，两次带丈夫去中国，每次都是她跑前跑后，接送机场，里里外外给我安排住处，游玩场地，事先买好我爱看的京剧票，昆曲票，越剧票，芭蕾舞票。很多时候她还陪着我到全城各处活动。我还从来没有谢过她呢！在这里我要让世人知道，我很幸运，有这样一个处处关心我照顾我的好妹妹，真是我的福气！

成长的过程中值得我自己骄傲的是，尽管一身的娇骄二气，但上帝很眷顾我：我的各门学科都很出色，经常是全优。其实我也没下什么功夫。上课注意听讲，理解快，记忆力强，下课很快就把功课做完了。没有任何家务活，玩得痛快，跑得快，跳得高。小学四年级我还不知道什么叫田径，就进了校田径队；也不懂体操是什么，初一 12 岁时就被北京市什刹海青少年业余体校挑去练体操了。虽然说很幸苦，但是我热爱这项运动，非常能吃苦。当年达到了体操一级运动员的水平。感谢在什刹海业余体校五年的训练，不但把我多年的支气管炎治好了，而且为我后来一生的运动习惯奠定了一个良好基础。

除了运动以外，我还喜欢唱歌跳舞。少年时期在北京市朝阳门小学上学时参加了朝阳门少年合唱队和东城区工人俱乐部少年舞蹈队。我的生活无忧无虑。在各位老师的培育下，在爸爸妈妈哥哥姐姐的呵护下，在妹妹从不嫉妒反而支持的陪伴下，我像一朵鲜花沐浴着爱的阳光雨露，茁壮成长，幸福地度过了少年时代。

第二章

青年时代（初中和预科）

12 岁时，我从北京东城区朝阳门小学毕业了，以数学 100 分语文 85 分的成绩被北京市 23 中学录取。由于那年开始实行就近入学，我本想报考北京女一中的愿望破灭了，被分到我住家范围之内的二流学校，鼓楼东的 23 中（现在变成北京市重点中学）。可能因为我的分数早就超过了分数线，第一天报到时班主任就在全班宣布我是班主席。在小学时我就是少先队的小队长和中队长，带领着同学们成立了古丽娅，舒拉（苏联男女英雄）小队，还带着大家在没有老师的情况下去景山爬山，去北海划船。我没有学过音乐，当时班里需要一个唱歌指挥，老师就点名让我指挥，我就硬着头皮指挥全班的唱歌表演。这一切都训练了我的勇敢，自信心，组织能力和热爱社会活动的兴趣。我也从中享受到了许多乐趣。

我的一生都得益于青少年时期的这些锻炼机会。我深深地感谢给我机会和培养我的那些老师们，教练们和同学们。我记得的老师名字：许乃谦，刘荫轩，刘凤莲，李念先，王老师，黄老师，蔡老师。同学名字：苏恩娟，张艳芳，顾秀珍，李秀云，李宝珍，李宝峰，刘明明，赵雯娟，刘效珍，耿秀岐，侯玉兰，于萍，曹秀珍等。如果有人将来读到我这份自传，辨认出我来，那才叫奇迹呢。

初中三年的日日夜夜仍在我的脑海中。我每天从旧鼓楼大街小石桥的家走到鼓楼东宝钞胡同附近的学校单程 40 分钟。春夏秋冬一年四季除了放假从不间断。每周二，四下了课到什刹海北京青少年业余体育学校练体操。从董乃迪教练开始基本功训练，然后是曹丽修，肖教练，陈教练等等。我坚持了五年。在这五年中，我练平衡木时摔断了右肘，练高低杠伤了腰（注：这两次都是教练不在场，我大胆地试做新学的高难动作 --- 我总是冒险），练垫上运动又伤了右大腿根肌腱。虽然受了不少伤，但是我从来没想退却过。十四岁时右肘的鹰嘴凸摔下来了，打着绷带，体育蔡老师还扶着我用左手练倒立呢。在什刹海体校的五年体操训练更让我培养了坚强的意志和耐久力。因为运动环境好，我还自学会了游泳和滑冰。

那时的教学方法很残酷，根本不管学生的感觉，每次各门课大考，小考，期中考，期末考试的全班成绩都登在贴在教室墙上的一张大表上。我的成绩总是名列前茅，用现在的话来说，就是学霸。让全班学生有的羡慕，有的嫉妒，有的恨。这对我一生的性格有很大的正面和负面的两重影响。在困难面前，我是不会气馁低头的，不达目的誓不罢休，自信心极强；同时争强好胜，总想做那最好的一个。前面谈到家里对我的娇惯，尤其是爸爸妈妈和二姐视我为掌上明珠，所以骄娇二气一直跟着我。

虽然我样样出色，可是有几个让人不可理解的弱点，一是就是怕虫子，怕动物。初二上化学课有解剖青蛙，大部分同学都很好奇，有的很激动。可是我不敢进实验室，不敢看那青蛙，更甭提动手解剖了，老师说你可以不动手，看着别人做吗，那我也不干，足足地在院子里站了一节课。弄得化学邬老师很不高兴，可是拿我也没法子。二是我又怕冷又怕热。一次冬天上体育课，大家站在操场听老师讲话，我的双手双脚冻得发疼，我就哭了起来。老师发现后问我发生了什么事，我哭着说，“我太冷了”。弄得体育老师哭笑不得，没想到我这个当班长的竟然被冻哭了！他说，“那就进教室吧，哭什么呀”。后来长大以后，我发现妈妈，姐姐，妹妹其实都跟我差不多，没有人能抱起一只猫或一只狗。到了美国以后，经常出洋相，猫狗在一圈人中都喜欢扑向我来，（有人说我的气场磁力大，容易吸引动物和人）吓得我乱跑乱叫。因为美国人拿猫狗当宠物，当儿女。他们如何也不理解，为什么我不喜欢猫狗。我也都比人怕冷，怕热。这是不是遗传基因呢？我怕动物的毛病一直跟随着我。可能要随我到另一个世界吧。

从初一到初三，这三年是我从十二岁长到十五岁的三年。我的性格特点也是在这个期间形成的。我在这个时期就象一朵怒放的带刺儿的玫瑰，一匹奔腾的小马，一个初生不怕虎的小牛犊，一只刚长出羽毛的小鸟。

总之，我快乐无忧地度过了三年初中。该报考高中或职业学校了。我和另一位同学耿秀岐，被选中免考保送上师范学校。不但没有学费，吃住学校都包。我回家高高兴兴地告诉了爸爸妈妈。没想到爸爸一听，把脸一沉，说“家有二斗粮，不当小儿王”。一句话就回绝了。需要填志愿报考高中了，报哪个学校呢？爸爸妈妈和和我都拿不定主意。教我们俄语课的黄老师一直很赏识我说俄语的勇敢和流利，就建议我报考北京对外贸易学院预科。我很喜欢外语，更主要的是外贸学院预科就在旧鼓楼大街前马场胡同里，离我家很近。我就报考了。被录取以后分配我学英语。我很失望。因为预科有俄语班。我很想继续学习俄语。但是学生那时没有选择的自由。一切听从分配。其实学习英语证明后来是大有用场的。

那时考上高中就好像中了举人一样。我入学的那天，爸爸，妈妈，二姐，二姐夫，妹妹，还有李家门的第一个孙女儿小影，全家出动送我到前马场的外贸学院预科。所有的女生都住在小红楼的最上层的三楼。男生住在一层和二层。别的同学也有家长来送的。可是全家祖孙三代出动送的就是我一个。还不相识的同学们都向我投来羡慕的眼光。我觉得自己长大了。全身心沉浸在爱的幸福之中。我下定决心要好好学习，为李家光宗耀祖。

这三年的预科生活给我的一生打下了坚实的基础，并结下了永生难忘的同学情。

根据学校规定，不管家远近，每个人都得住校。周六下午下了课可以回家，周日晚上 7 点以前必须回校上晚自习。一日三餐都得在食堂按班分桌吃饭。早上 6 点广播大喇叭一响，就得马上起床到后海跑步，我是女生排排长，喊着口号带领大家绕后海跑一圈或半圈，跑完以后可以留在湖边朗读外语，然后回校吃早饭，上午四节课，下午三节课，英文，语文，数学，几何，物理，历史，政治，化学和体育。下午下课以后，大家都得去小石桥胡同老师宿舍的大操场上参加各种各样的体育运动：篮球，排球，武术，跑步，跳高，跳远等等。

因为从前马场学校到小石桥的体育场得路过我家门口，所以很多同学都到我家去过。我的侄女小影，侄子小丰，外甥小纯，大家都认识。大家回校后洗涮完就到吃晚饭的时间了。我每周二，四都去什刹海体校练体操，同学们就把我的晚饭从食堂带回教室，我从体校回来再吃。在这里特别感谢预科英语三班的同学每周两次给我打饭。我们外贸学院预科是国家对外贸易部下属的学校，好像是外贸部有自己的农场，我们预科的食堂顿顿有大米饭，小米饭，二米饭，馒头，包子，还时不时地有黄羊肉，大对虾等。那时正是困难时期，同学们大都是16，7岁到18，9岁，正是长身体的时候。感谢外贸部的关照，我们都健康地长大了。

那时的文化娱乐活动几近全无，从俄国、印度、朝鲜进口的电影片就成了我们的精神食量。记得我和徐雪华同学经常是一下课就偷偷跑去圆恩寺电影院看外国电影，事先托同学把晚饭带回来。我俩人缘好，没有人向老师报告。在这里感谢你们啊。尤其是张玉莲（后改名张献），徐雪华，周玉莲，张玉珍，路淑琴（后改名路明），王玉英，韩秀珍，苏恩涓，曾丽明，车建国，易秋兰，李党红，何文荣，焦根树，张银顺等同学。大家没有血缘关系，但胜似兄弟姐妹，多么美好纯真的感情！

上边感谢的大部分都是女同学，其实有好几个男同学在我成长过程中也帮了很多忙。如大班长张义峰，学习班长魏子斌，和我一起任体育代表的赵光明，我的同桌张邦林，和我一起任语文课代表的冯全宝，后来成为我丈夫的几何课代表王冰生，因帮助他学英文而成为我能入团重要原因的周长林同学，还有毛新建，王焕福，刘纪昌，刘国胜等同学都在我的预科生活中关照我，理解我，帮助我。在我脑海中留下了美好的记忆，永生难忘。班主任易老师也是我终身难忘的老师，他用耐心爱护的方法帮助我克服骄狡二气，在青少年成长时期，能有这样一位老师呵护爱惜又严格要求很幸运。可惜离开预科后再也没见过他，听说他回四川与妻女团圆去了。遥祝易老师全家幸福健康，真希望您能读到我写的文章。

在这里必须提到的还有好几位栽培我们的老师。首先是英文口语发音老师林一铿，英语老师段景瑞，韩国泰，他们日日夜夜不厌其烦地从ABC发音到掌握复杂的英文语法，耐心教导我们，为我后来的一生打下了坚实的基础；语文老师李登亮，易泉源，发现了我对汉语的兴趣，循循地教导，开发了我的潜力，让我的作文一直名列前茅；体育老师方备，曹心竹看到了我的运动基因，总是给我创造条件，进一步培养我，激励我成为全面发展的学生；几何老师徐秉英，物理老师张仲琦，熊瑞堂，万馥星等老师，都喜欢我这个懂礼貌，学习努力，文艺，体育都领头的学生。这些老师们的喜爱与呵护，慈祥的目光像阳光，像雨露一样滋润这我这颗秧苗。

1964 年的大学升学率是百分之三，在中国能考上大学的可以说是凤毛麟角。对外贸易部特别疼爱我们这批预科的学生，允许我们先报考本科北京对外贸易学院，如果未能直升，还可以参加全国高校考试，也就是说给我们两次报考大学的机会。当时国内外语翻译人才稀少，外贸部又增设一个外贸学院专科，只此一届。报本科（五年）还是报专科（三年），我也拿不定主意，就没填写本科或专科，只是写了一句话：坚决服从分配。

通知下来以后，我被分配到专科。因为新开办的专科仍在预科旧址前马场，离家很近。如果被分配到本科，我还得搬到郊外的车道沟贸院去上大学，所以我很高兴。后来才得知从全国招进来的学生根本没有事先通知他们有新办的专科，只知道被外贸学院录取了。到了学校以后，才知道自己被分到什么专科。木已成舟。其实本科与专科有什么区别，我们大部分同学都不懂。

直到文化大革命复课闹革命，我们这些专科的学生本应 67 年毕业，结果拖到 68 年 8 月才毕业。经过几个学生多次与外贸部，教育部反复谈判，终于给这帮学生“平了反”。后来，给能来申请的学生发了本科大学毕业证书。被称为外贸外语系。我那时还在贵州凯里山沟，根本不知道山外之事。感谢大学老同学郭素娟找到我妈妈家，要了我的一张照片。主动帮我把此事办理了。否则我后来在美国读硕士和考上博士都会因为学历遇到麻烦。再一次感谢好朋友郭素娟！她不但在山东炮兵农场劳动时处处呵护我，而且帮我办了这么一件对我后半生的生活起了极大作用的重要事情。有机会回京时，再当面致谢。

一九六四年九月一日，我自豪地走进了大学的校门。那自豪感是至今难忘的。那年的专科招了十三个英语班、两个日语班、四个法语班。英语前三个班都是从预科升上来的学生。按照成绩，我被分在英语第一班，也就是尖子班。从此，刻苦学习，努力竞争也成了我们每个同学的奋斗目标。

第三章

难忘的大学生活

我们这个英语一班在十三个英语班里人数最少，一共十六个人，八个男生，八个女生。学校的苗俊卿主任和其他的几个老师挑选了每个班的班委会。我们的班委会由三个学生组成。班长张义丰，学习委员魏子斌，我被指定为文体委员。团支部也是由三个人组成，团支书，章桂兰（二年级时她升任党小组长），郭素娟是团支部书记，我一直担任组织委员，陈素存是宣传委员。

我们这个班师资也是最强的。教写作的是从英国剑桥大学毕业的张荫余老师，教口语的是美国华侨的后裔梁献章老师。德高望重的李德资先生有时给我们讲述语法。后来得知，张荫余老师的父亲就是上海纺织业的大亨张铁生，新中国成立前去了香港，陈毅副总理亲自发电报让他回来，他拒绝回来。梁老师的父亲是香港英文报纸的主编，虽然梁老师没有出国留过学，他妈妈是夏威夷华侨，所以他说着一口地道的美式英语。我们这十六个得天独厚的高材生，从此开始了我们一生难忘的大学竞争生活。

一九六四年九月一号，大学课的第一天。张荫余老师穿了一身笔挺的蓝色西服。他的个子不高不矮，瘦瘦的体形，戴着一副黑框的眼睛，右胳膊下夹着一个黑色的公文夹子，又有风度又帅气。浑身上下从头到脚都透着上海人的精明，回国学者的才华和风度。张老师看起来非常兴奋，几乎像个小孩子一样跳上了教室那不高的讲台。多少年以后，我才理解了为什么他那年那么兴奋。

张老师出身于江苏一个大资本家家庭，父亲解放前去了香港，张老师和他的哥哥从英国回来的路上路经香港看父亲，没有听从父亲的劝告，随大哥回到了上海，后来的遭遇让他后悔莫及。张老师高中毕业被送到英国留学，本来在剑桥选的是英国文学，尤其对莎士比亚的经典著作倒背如流，父亲听了以后很生气，为什么不学一门有用的工科？于是张老师被迫转到英国的印刷学院学习了印刷。回国后心情沮丧，可是因为毕竟是回国的知识分子又有英国的大学文凭，于是被分到中国银行任高级工程师。

不幸的，张老师 1957 年被打为右派，流放到内蒙古放牧和山东扛石头多年。老天爷的关照和他的顽强生命力不但让他逃脱了几次命在旦夕的险情，而且给了他一付硬骨头般的强健身体，这幅强健的身体和他钢铁般的意志帮助他度过了后来在劫难逃的文化大革命。经过了十几年的折磨，他被通知到北京一流的外语院校教他心爱的英文，他怎么能不兴奋呢？关于他的详细故事后边再讲。

六十年代的我们，那时在学校很少见到身穿笔挺西服的老师，更令人惊讶的是他一上讲台，满口的英语，没有一个字是中文。我们这些学生尽管是学过三年英语的高材生，但很少听现场英语讲课，一下子都懵了。可是张老师好像没看见一样，一堂课下来，我们真有点云山雾罩的感觉。正是这种严格的有时甚至是残酷的训练让我们几个月后变成了人人能说英文的大学生。

另外一位不可不写的是我们的梁献章老师。听说他的父亲是香港大公报的英文编辑，他的妈妈是夏威夷美国华侨，从小就跟他说美式英语，他的姐姐在美国之音工作。梁老师没有出过国，但是从小就是说美国英语长大的，后来上了北京师范大学英语系。他大学毕业以后被分派到河北省一个城市教书。1964年被调到我们学校教口语。梁老师的方法也是听说领先：一段英文新闻让我们反复听，一个英文字也看不到。然后不是提问题让我们回答，就是让我们用英文复述。记得有几次把一两个女同学逼出了眼泪。我这个喜欢挑战的女青年可是找到了学习的乐趣。每当我能听懂那快速的新闻的时候心中充满了喜悦。我从来没有发现原来说英语和听英语那么有意思。

清晨跑步，我喜欢后海那宁静的湖面和湖边的垂柳，总是留在那儿或读或背我喜爱的英文故事。回学校洗把脸就去食堂吃早饭，八点钟准时到教室上课。上午四节，下午两节。这六节课都是英文，不是精读就是泛读，不是新闻听力就是口语练习，有时是“林格风”语音语调课。下午一下课，大家都得去位于小石桥老师宿舍的操场锻炼身体，也叫体育课吧，或是打篮球或是打排球或是练武术或是跑步。六点钟吃饭，晚上七点到九点都得到教室里上自习课。十点钟熄灯大家都得上床睡觉。我们每天就像一个士兵一样，没有多少自由时间，可是没有任何人抱怨，个个都是那么努力，大家在各方面互相帮助互相照顾。

英文是我们生活的中心，也把我们每个人拴在了一起。我们这十六个人幸运地得到了两位高水平老师教我们口语和写作，像一颗颗雨后春笋茁壮地成长起来。全校一共有十三个英语班，其它班的老师和学生包括外校的老师有时来听我们的课，那时叫上大课。张老师总是很兴奋也很紧张。我们总是很争气。他看我们个个学习努力，积极配合他的教学，心中无限喜悦，精力更加充沛。

我每天充满了活力。失去父亲的痛苦经过三年时间的流逝已经慢慢地离开了我。妈妈和姐姐的疼爱以及大学新生活的乐趣也让我慢慢适应了没有父亲的生活。我既是班委会的文体委员，又是团支部的组织委员，老师们都喜欢我，同学们也爱戴我，我就好像掉在蜜罐里一样。学习和玩儿就是我的两大任务，每天溜回家去看看妈妈和她的第三代逗逗乐儿也是一大开心事儿。

可是好景不长。大学上到二年级的时候，中国就爆发了史无前例的文化大革命。记得那是 1966 年 6 月初的一个凌晨。像往常一样，学校的大喇叭按时响了起来，但是广播员那特别严肃的声调让每个人都停住了脚步。原来是北京大学聂元梓等人贴出了一张大字报，是批评学校党委领导的。中央人民广播电台报道了这张大字报的全部内容。对政治关心和敏感的学生马上就明白了这是怎么一回事，因为前几个月人民日报接二连三地刊登了一些大块儿文章，批评邓拓，吴晗，廖沫沙是什么三家村啦，姚文元的论海瑞罢官啦等等。

我虽然已经二十岁了，但仍像一个天真幼稚的孩子。第一是对这些不太关心，第二也不相信共产党内会有什么矛盾。我是一心只读英文，两耳不闻其它事。所以当全校同学像热锅上的蚂蚁一样，步也不跑了，英文也不读了，有的凑在一起议论纷纷，有的甚至还找来了废报纸，毛笔和墨水也要写大字报的时候，我十分不高兴地说，“怎么这么乱，还上不上课了？”一个同学不满意地刺我说，“都什么时候了，你还想上课！”就这样八点钟老师们都到学校来上课的时候，没有人宣布一句话，全校已经乱成了一锅粥。

不到两个小时，质问外贸学院党委的大字报也贴了出来。党委书记杨瑞典也被公开点名。后来什么“错误的教育路线”，“修正主义的温床”等等莫名其妙的罪名都指向了学校的领导。霎时间宁静的校园变成了不可收拾的战场，一切都上纲上线。同学中自然地分成了两派—造反派和保皇派。大概是这样：写大字报揭发老师的或是站在他们一边的都成了造反派；大部分的班干部，团干部和不赞成造反派观点的都被称为保皇派。两派后来都成立了自己的红卫兵组织。相互写大字报，辩论他们自己也说不清楚的政治问题。总之，我要当一名翻译的美梦一下子就被踢到了一边。

我们英语一班这十六个从预科直接升上来的高材生，本来相亲相爱，互相帮助，相处得好好的，突然变成了敌对的两派。七个男生加上两个女生成了造反派。我们六个女生加上一个男生被喊作铁杆、钢杆保皇派。整个学校变成了大字报的海洋。

我怎么也弄不明白为什么我们学校突然执行了什么修正主义教育路线，白专道路，我们怎么会成了修正主义的苗子。攻击个人的大字报也陆续出现。我没有什么被揭发的。因为我们家虽说是满族，所谓的贵族，但1911 年就废除了清朝满清。解放前爸爸在故宫当保管员，成分是工人，家里没房子没地，两个姐姐和一个哥哥，都是共产党员（后来妹妹也是）。我个人在生活上，学习上，政治上都无懈可击，可还是被写了大字报。（在微信中与远离我几千英里的妹妹聊天时，她还提起文化大革命时，她到学校去找我时，还没走进学校就看见学校大门上贴着大标语“打到铁杆汉奸李崇俊，（我上学时的名字），修正主义的苗子！”其实我都忘了，只记得我被写了大字报，说我在家什么活都不干，连手绢都是妈妈给洗，我看了以后很尴尬，那是妈妈的爱，跟你们有什么关系呀，真是让人哭笑不得。

总而言之，整个学校没有人敢学习英文，课也不上了，大家每天不是去校外看大字报就是在学校写大字报。社会上每天变化万千，许多领导人都被扣上“走资本主义道路的当权派”的帽子。家庭成分有问题的人，包括有海外关系，历史上参加过国民党，家里有房有地的人，甚至平常工作积极，认真负责的中小学老师都成了革命的对象。任何学生都可以随意到老师家“抄家”。谩骂，捉弄，折磨老师，戴高帽子，脖子上挂大牌子，罚跪，挨打，被剃成阴阳头等等惨不忍睹的事情每天不知发生多少次。这场无产阶级文化大革命给许多人提供了泄私愤的机会。

我的心情一天比一天沮丧。盼望着乱七八糟的场面早早结束。但事与愿违，66年8月5号人民日报，中央人民广播电台发表了毛泽东写的“我的一张大字报”。那些造反派们听了以后欢呼跳跃，我听了以后心里凉了一大截。我意识到这场大革命不但不会很快结束，而是刚刚开始，不知何时才能学习我着迷的英文。

66年8月18日那天，毛泽东在天安门城楼接见红卫兵。我们学校的两派都成立了自己的红卫兵组织，谁也不服谁。都去了天安门广场。我也随着人群走到了天安门广场前。远远地看到毛泽东那高大的身影在向人们招手，许多人都激动得哭了，我怎么也激动不起来，心中闷闷的。回到学校以后，还是不上课，消极的态度又让我变成了“逍遥派”。我忍受不了学校那种气氛，抽空就回家和妈妈，外甥小纯，侄女小影，小洁，侄子小丰在一起玩儿，孩童们那天真的小脸，纯真的心总给我无限的欢乐，跟他们在一起玩儿，让我忘掉了人间一切痛苦。多年来，我一直都是这样，就喜欢跟孩子们在一起。

后来我出了国，周游了世界，还当了姥姥，人间最大的欢乐就是和我的小外孙麓名，外孙女思彤在一起。甭管做什么，奔七十的人了，我还和他们一块儿在地毯上翻跟头。大家都说我不像大人的样子，连我自己也没法解释。跟他们在一起玩儿的欢乐是任何金钱都买不来的。也正是这颗童心，在残酷的生活中，我没有心眼，人家说什么我都相信，我心里怎么想，口里就怎么说，不管是哪级领导，从不考虑说出真心话的后果，这种“单纯”让我“吃了很多亏”。但是我从不后悔，可是也让我赢得了很多朋友。无论到哪，我都有喜欢我的朋友。青山易改，本性难移，可能这性格也会跟我到另一个世界去了。

第四章

文化大革命

文化大革命的烈火一直在燃烧，一浪接一浪。每天上午的学毛选和党报社论成了形式。两派同学之间也很少说话。除了北京，全国其他省市的文化大革命都开始了武斗。二姐和二姐夫工作的宁夏京剧二团在石咀山也明显地分成了两派。一派自称为造反派，一派被称为保皇派。可怜的是全团近八十人，保守派只有八个人，二姐二姐夫就占了两个名额。二姐夫不过是个架子花脸演员兼政工科科长，每天象个老黄牛一样，勤勤恳恳地工作。可是也被扣上走资本主义道路当权派的大帽子。被拉上街游行，罚跪。还好的是没有挨打。后来京剧团与社会上的造反派联合起来，对这八个人要进行武斗，二姐夫和二姐听到风声马上离开了石嘴山回到了北京。我和妈妈见到他们非常高兴。可是时间长了，二姐，二姐夫每月的工资和粮票都断了。加上他们的儿子小纯和妈妈，妹妹与我，一家六口的生活要成问题了。一生不求人的二姐夫只好给他在银川的同事和老朋友写了求救信。很快就收到了茹绍魁，闫宝俊夫妇寄来的二百块钱和二百斤粮票，还有程砚秋的大弟子，王吟秋先生也寄来了三百块钱。这是什么精神？患难之中见真情。如今茹绍魁和王吟秋先生都已作古，但我们一家永不会忘记他们在那个形势下帮我们度过了难关。

也就是在那个前途渺茫的时间，我的太极拳得到了改进。二姐和二姐夫，被迫离开单位，不知下一步棋该怎么走，心情不好。二姐不知从哪得知一位太极拳老师每天早上很早在后海教太极拳，她让我陪她去。每天要五点起床。我最恨早起了，可是为了陪伴二姐，我强挣扎着起来了。那个老师看来有七八十岁了，又高又瘦，身板挺直，连头发都没白。我也不知道他姓甚名谁。每天都有七八个人来。他带着大家打二十四式太极拳。每天早五点半到六点半，谁也不聊天，打完就走。我是其中唯一的年轻姑娘。他说我的动作起伏太大，并亲自示范给我。他打太极拳的时候，整个人宛如一座山，坚定的目光好像能看透一切，然而他的动作又像行云流水，平稳流畅，引人入胜。他的教导对我后来去美国教太极拳打下了一个良好的基础。至今六十多年过去了，我都不知道他的姓名。他可能早已作古。在那黑暗的年代，在那漆黑的后海湖畔，他给了我语言无法表达的力量。太极拳帮助我在后来的种种困境中，战胜了沮丧，孤独，通过太极拳的活动，我接受了宇宙的能量，打通了堵塞的经络，给自己心中开劈了一个新境界。不知名的太极老人，让我遥向天空向您深深一拜，相信我们会在另一个世界相会。

文化大革命就是一块试金石。每个人的嘴脸都被暴露在阳光之下。是善是恶，是阴是阳，明明白白，无处躲藏。文化大革命中多少人丧失了无辜的性命，多少人遭到了想像不到的侮辱。多少难得的大艺术家惨遭迫害以致惨死！让人难以置信的是许多人竟然是自己的同事，自己的上下级，自己的学生，自己的家人，是打手，是出卖者。其实都是政治带来的恶果，从此以后我对政治极不感兴趣，因为一旦陷了进去，就像吃了毒药，扎了吗啡一样，不能自拔。所想，所说，所为都被其左右。更可怕的是大部分人都不敢，后来都不会用自己的大脑思维了。或是怕了，或是习惯听上边的了。好像只有唯唯示诺，不声不响，睁一眼闭一眼，才能保全自己。多么的窒息？我是不能忍受的！

整个国家的形势乱七八糟，每个省，市好像都分成了两派，武斗成风甚至动用了枪炮，海报满天飞，谁也不知道谁对谁错。就这样我们大部分同学变成了逍遥派。不知是谁启动的，整个专科都搬到了西郊外车道沟贸院本校。每天早上到教室所谓学习毛选，盼到了中午去食堂吃午饭，然后回宿舍睡午觉，下午可以“自学”。那就是我们的自由时间。不知从哪儿刮来的风，许多同学开始读起了世界名著来，“简爱”就是我那时第一次听说的。从城里办到车道沟也方便了我和预科几个闺蜜的往来。对我来说，睡完午觉，去运河游泳或是偷偷跑回小石桥看妈妈和孩子们是最欢快的事儿了。

老师们中极少数成了造反派的支持者，大部分成了造反派专政的对象。他们被关在学校里，被叫做牛鬼蛇神。经常被学生批斗。我看不了那些有风度，有知识的老师如今成了阶下囚。我也看不了那些从老师那儿得到知识的疯狂学生好像变了人性。所以我总是找借口不参加批斗会，还经常回家，反正没人查问。

我永远忘不了的是一次学校的批斗会，我们被通知每个人必须参加，不得缺席。我和我们班另外五个女同学，忐忑不安地来到了贸院五楼顶上的阳台。那天的气氛十分紧张。我们几个找到了最后边的位子。我心里在想，如果出现什么情况我受不了了的话，我就离开现场。随着主持批斗会人的一声吆喝，十几个老师被带上来了。教我们班的张荫余老师也在其中。他们一个个低着头，站在前面。脖子上都挂着牌子，上边写的什么我根本无心去看。心里一阵阵发痛。尽管文化大革命中成千上万的人都被打，被斗，甚至被打死，斗死，可是这是我第一次亲眼看见我认识的，往日有威望的，教我们知识的老师们被侮辱。我根本听不进，现在也记不清了发言者都说了些什么。只是记得一个学生开始扇老师的脸。他的举动震惊了全场，可是不但没有一个人制止他，反而又有几个学生上前去，开始模仿他。尽管我在最后边看不太清楚，我实在忍不下去了，就愤怒地离开了现场。我当时想，我一没有海外关系，二家里家外没有任何让人抓小辫子的事情，我天不怕，地不怕，如果以后有人咬吃我为什么离开会场，我就会说，我突然要拉肚子，不得不离开。看你们有什么办法！

我回到了宿舍，坐立不安，悲愤的情绪填满了胸膛。一不做，二不休，我干脆离开这龌龊的地方。从西郊的车道沟我骑上自行车一口气回到了旧鼓楼大街小石桥的家里。带着孩子们去后海玩儿了几个小时，才算平静下来。我打算在家呆上几天，那时谁也管不了谁，也不必向什么人请假，如果有人追问我，我就说病了。因为我上学的时候虽说体育很棒，但是肩不能扛，手不能提，身体娇气，一冷一热都会生病。每学期出去干体力劳动，大家都会照顾我，给我最轻的活。就是那样，我劳动回来以后，还经常生病。大学一年纪的一个冬天，从农业大学挖运河回来，别人都没事，我发了高烧，大夫不明原因还让我住进了鼓楼医院。把妈妈急得够呛。全班同学都来医院看我。所以现在借口病了不能去学校是我当时留在家里最好的理由。我们班这16个同学虽然分成了两大派，但毕竟都是北京长大的孩子，又是预科一块儿上来的不是同班也是同年级的同学，进入大学以来，吃住，学习，锻炼总在一起，我的人缘不错，还是有点面子的。我相信他们不会对我怎么样。

在家住了一个晚上还是舍不得离开。昨天学校发生的第一次武斗老师的场面还历历在目。吃过午饭，我打算到旧鼓楼大街的副食商店去买点东西。刚刚出了小石桥故宫博物院宿舍的大门，就看见对面来了一个人，推着一辆煤车，一般路上很少有人推这样的煤车，又宽又大。推车的人戴着厚厚的眼镜。哎呀，那不正是张荫余老师吗？我下定决心，一定要上前跟他打招呼，大声地叫他一声张老师。对他那一定也是一种安慰。我们对面走着，越走越近，我正要上前叫他，他好像故意没看见我，一扭头就推车过去了。在那一霎间，我看见他眼镜下的面颊不但是黑紫色的，而且是肿肿的。发生了什么事情？他为什么看见我向他走去，故意闪开了？我呆呆地站在街上。这是我一生第一次看见一个人的脸那么肿，是深紫色！难道是昨天我离开批斗会现场以后他被人扇耳光了吗？现在难道他不愿意听心疼他的学生叫他一声老师吗？

多少年来，我还是忘不了那尴尬可怕的镜头。二十多年以后他到我在美国的家来访，几次想提起那次的偶遇，可我还是说不出口。就让那沉重的石头永沉心底吧。这次在意大利因为疫情不能出门，我写自传时，跟我意大利人的邻居谈起我不理解我的老师当年为什么把头转过去了，她先生说，那是为了保护Lydia(我出国后的英文名字)呀。我怎么没想到张老师是怕给我找麻烦才不理我的呀？几十年过去了，我才在一个没去过中国的外国人口中找到了答案！我心中好伤感呐。张老师几年前已仙鹤西去了。我好想给他一个拥抱啊。

不知什么时候突然刮起了“串连风“。就是全国的大中小学生可以坐火车，汽车到任何地方去不用买票，到了哪个地方都有接待站。供你吃住。北京的学生就像闸门放开后流出的水一样涌向全国各地。很多同学组成了各种各样的小组，步行到延安，井冈山，湖南等革命老根据地去。我可没有那样的勇气和体力。学校基本上空了，都是外地的学生来住。听说大串连就要停止了。我和两个要好的女同学决定坐火车去广州。因为一年两次的广州交易会应该是我们实习英语的地方，可是文化大革命连课都不上了。哪有机会去广州实习呢？我们三人到了北京站，里里外外，人山人海。好容易找到了去广州的火车，可是根本上不去。如果失去了这个机会，我们就出了这个村，没这个店了。我们三个人手拉手，和许多人一起涌向车厢。有座位的车厢已经装满了人，我们就又和许多人涌向行李车厢。那是一个没有座位的车厢。上不上？我说，上！就这样我们三个人挤进了行李车厢。没有座位，没有厕所，大家都坐在地上。不一会儿，车厢的地上就坐满了人。还有人往上挤。“关上门吧！”有人大声喊道。车厢里又热又没有空气，我们都盼望着早点发车。记不清过了多长时间，列车终于满载着不知所措的学生们离开了北京站。

经过三天三夜，我们的列车到达了广州。一路上，车一停，我们就忙着找厕所，找站台上卖吃东西的货车。到了湖南以后，车门就打开了，空气是格外的新鲜。那是我第一次亲眼看到南方的风景。不知为什么我从小就喜欢南方的风景，那楼台亭阁，小桥流水，绿油油的田地和片片红色的土壤让我感到亲切，舒畅。心里总有一股甜甜的味道。

二十多年以后碰到了一个修行佛教二十多年的杨大哥（是北京人艺的导演），谈到我的前世时告诉我，在清朝时我是江南水乡一个大茶商家的小姐，喜欢琴棋书画和道教。杨大哥还说你可以从你现实生活中找到前世的痕迹。怪不得我年轻时一进颐和园就先直奔谐趣园，转了几圈还是舍不得离开，因为谐趣园就是仿照江南水乡建造的。我工作以后又去了苏州，杭州无锡，宁波，南京和镇江，总是流连忘返。那位杨大哥还告诉我说，“宋朝的时候，我找不到你在中国的踪影，那是文艺复兴时期”。我很好奇地问他，“那我在哪儿呀”？他说，“你在意大利”。我半信半疑。不过他说的关于我的前世的事情我都记得清清楚楚。后来学习了佛教以后，才知道一个人的前世会在现世中刻下深深的痕迹，怎么脱也是脱不掉的。命运也如此，在他面前，你是软弱无力的，你是无法抗争的。许多事情，是说不清道不明的。

我们再回到串联的时光吧。

到了广州，一下火车我们就被当地的红卫兵送到了华南师范学院。广州的大街上，校园里到处是鲜花，绿草。我们从来没看见过高大的树上开着红红的鲜花。虽说是秋天了可是感觉像夏天一样，不管白天还是晚上总是暖洋洋的。我们三个人在文化大革命开始时，都被划为保皇派。现在从首都北京来到了广州，谁也不知道我们的背景和底细。我们理直气壮地坐着不花钱的公共汽车到各个学校看大字报，还到白云山爬了一次山。每天睡地铺的滋味儿一辈子都忘不了，也再不想有第二次了。逛了近一个月，手里也没钱了，担心妈妈惦记着。我们就回到了北京。那是1967年的初冬。刚刚从阳光明媚的南国回来，北京不但是天气阴冷，那笼罩全国武斗的阴森气氛更是难以让人喘气，咄咄逼人。学校里也是冷冷清清的，每个人都是灰溜溜的。不知前方等待我们的是什么。

我回到学校的宿舍里，其他的同学也都从大串联回来了。有的步行去了延安，有的坐车去了西安。现在每天无所事事，也不敢学习英文，因为课已经停了。谁要敢学习外语，就是不革命，走白专道路，走白专道路就是走修正主义和资本主义道路。被扣上这个大帽子，就像背上了一顶大黑锅，抬不起头来。社会上各种各样的小报，海报到处都是。每个省，市，县，和地区都分成两派。都是响当当的名字，什么湘江风雷，革命风暴，敢死队等等。全国武斗成风，各地的军队也参与了当地的群众组织。在那个年代，被抓，被打，被杀都成了家常便饭。哪里有人的尊严？人的生命不值钱哪！

从1966年到1968年的夏天，全国一团乱糟糟。今天这个被揪出，明天那个被批斗。就连那些革命开始的宠儿，那些造反派也突然变成了什么“联动”分子，“516”分子，成为被抓，被禁闭的对象。谁是谁非没有一个标准。“复课闹革命”的口号让我们又回到了教室。张老师也回到了我们身边。他“安静”了许多，唯一没有变的是对英文的热情和教书的认真。按照文化大革命前的学习日程，他本应教我们英国大文豪莎士比亚的作品。可是现在都变成了学习毛主席老三篇的英文版。多少年提起这件事来让人哭笑不得。

说到莎士比亚，这里边的故事我永远不忘。前边提到过，张荫余老师的父亲张铁生出身于江苏，靠着聪明能干成为比荣毅仁还要大得多的上海有名资本家。开了一条街的纺织厂。他把两个儿子，张老师和他的哥哥，从小就送到教会学校，后来又把他们送到英国去留学。张老师考入了著名的剑桥大学。父亲本来是让他学习工程的，没想到张老师一接触到莎士比亚的著作，就深深地被这个世界闻名的文学家的语言，幽默，剧情深深吸引了。他像一个海绵一样，吸允着这个英国大文豪的才华，能够整正段整段地背诵莎士比亚的剧本和诗句。“To be，or not to be，that is the question…”(我的译文是：“是，还是不是，那真是个问题。”或是“做，还是不做，那是个难题”)。当张老师带着地道的伦敦音朗诵这段莎翁“哈姆雷特”第三幕第一场丹麦王子著名的诗句时，我被深深地感动了。那也是为什么我后来到美国留学时选修了两个学期莎士比亚的课，还到了俄勒岗州的艾诗蓝城看了几次莎士比亚剧，一是我受了张老师的影响，二是我想替他圆了他的梦，三是莎士比亚手下的人物就像中国名著“红楼梦”里的人物一样。四百多个人，个个栩栩如生，没有雷同。

后来我到加州翰伯特大学攻读英美文学硕士学位，主任是特纳教授，他是研究莎士比亚剧作的专家，因为他对我的英文水平摸不准，虽然根据外贸学院的毕业证书，成绩单和三封推荐信及面试接受了我的申请，但也提出了条件，就是需要我上三门英文系本科学生的课，一个学期以后再最后决定是否能接受我为英文系的硕士研究生。我报了他的莎士比亚课。几年后他在给我写报考博士研究生的推荐信中说，“我们学院英文系本科从来没接受过中国大陆来报名的学生，更何况是研究生班。Lydia 是个例外。我要求她先学习三门本科课程，没想到她门门课证明了她的英文水平，表达能力和理解力都远远超出了我们的期望”。

其实我在上特纳教授的莎翁的课时，遇到了极大的挑战。当然，受张荫余老师的影响是重要的动力之一，我在首都剧场也看过于是之表演大师演出的莎剧“请君入瓮”，看过中国顶尖芭蕾舞演员谭元元演的莎剧“奥赛罗”。莎翁那引人入胜的情节，巧妙的构思，犀利的语言，引人进入了一个不可思议的艺术世界。我太珍惜这个学习机会了。可是莎剧的英文课都是原版的古老英文，即使我知道故事的情节，读起来也如天书一般。还好的是学校图书馆里有每个莎剧的电影版本，还有演员的录音磁盘。我拿着原文对着电影或录音唱片，看上一两遍就感觉好多了。那涩口的古老英文突然也活了起来，我不但能听懂了，还能享受其中的巧妙连接和语言的幽默，一个个人物栩栩如生。因为做了充分准备，再上特纳教授的莎剧课时，就显得容易多了，他举的例子，引用的原话，我都能很快找到。尤其他对人物和剧情的分析，让我听的如醉如痴。他偶尔提出一些问题来测试你是否阅读了，是否懂了，课上很少有人回答，我是班级中年龄最大，也可以说生活经验是最丰富的，我发表自己的见解时都可以看到老师赞许的微笑和同学们吃惊的目光。

我上了硕士班以后又报了特纳教授的莎翁的课，每次上课前我都很兴奋，因为我知道下课的时候我会感到精神上的升华，灵魂上的洗涤。珍珠玛瑙都装在自己的了口袋里。我圆了我敬爱的张老师的梦，我也从中更了解到人生的艰难，复杂，不可预测，不可思议，但纯洁的灵魂和善良的心会带你走的很远很远。

一个有点傲气的美国学生，对我说，“我看到你来我们班时，我以为你走错了教室，没想到你现在成了班花儿”！“世上无难事，只怕有心人”，中国的箴言说到家了。以后，凡是我想学的东西，不管多难，我都有信心和决心把它啃下来。

话说回来，“复课闹革命”的通知下来以后同学们每天都到教室来学习一下英文版的老三篇。好像没过多久毕业的消息就传来了。每个人都需要填分配表。上从国防科委，各个机部，下到全国各个贸易公司。我从来不知道什么一机部，二机部一直到七机部是搞什么的。后来打听到四机部是搞电子的，我就报了四机部。可是分配结果一出来我就傻了眼，如同晴天霹雳。原来四机部有很多下属单位在全国各个地方。我们那批报四机部的有上海，南京，江苏无锡，江西景德镇，陕西宝鸡，四川广元，贵州凯里等等。我被分配到贵州凯里！那是最偏僻，最远的一个地方。我们同班的党小组长，也是我的好朋友，章桂兰，也被分到贵州凯里，但是我俩还不在一起，两个不同的深山沟里。最让我孤独的是她直接去工厂，我还要先到山东潍坊羊角滩的炮兵农场劳动！贵州和山东都听说过，可是羊角滩，凯里？在哪个天涯海角啊？我怎么跟妈妈和二姐说呀！

带着一颗忐忑不安的心，我回到了小石桥 11 号—妈妈和怀孕八个月的二姐在家里等着我。当我把分配结果告诉他们的时候，她们一句话都说不出来。我也是无言以对。屋里的空气那么沉重，要把人憋死。

过了好长一段时间，二姐生气地对我说，“不去，告诉他们不去！我养活你一辈子！”我打心里感谢她，可是我怎么能一辈子让二姐养活我呢？自从爸爸去世以后，她和二姐夫已经挑起了家里的经济担子了。妈妈一句话也没说，可是晚饭以后当二姐不在眼前时，妈妈很认真地对我说，你不能靠你二姐一辈子，你的路还得你自己走啊。妈妈的话真的让我大吃一惊，我不知道怎么解释您老人家的话，妈妈是最疼我的，怎么舍得我让我去那么遥远的地方呢？妈妈劝告我不要依靠二姐，难道她不知道二姐是最爱我的，也是真心要养活我的吗？我百思不解。但是我下意识地觉得妈妈的话是对的。我选择了走自己的路，无论有多艰险，我得硬着头皮走上社会，咬着牙离开家走上那条不知带我去何方的路。

二姐马上要生孩子了，我给炮兵农场的领导写了一封信，告诉他们家里的情况。请了假。68 年 9 月 16 日晚，二姐阵痛开始，那个年代没有出租车，我就骑着嫂子的自行车带着二姐，穿过黑黑的后海到了积水潭医院。第二天晨，我的外甥女小晶晶出生了。还没有等二姐过满月，我已请假一个月了，只好迫不得已登上南下的火车，奔山东潍坊羊角滩去了。我们娘儿仨都心如刀割，没有说一句告别的话，妈妈和二姐最疼我了，她们的心里得有多难过啊！

离开北京前，我去和唯一还有联系的初中同学侯玉兰告别。骑着自行车在北京那熟悉的一条一条马路上，看着这一切，想起爸爸曾经告诉我的，

“我们老祖宗已在这儿三百多年了”，现在都不属于我了，我将是个外省人了！眼泪夺眶而出，心里像刀绞一样痛。用了比往常几倍的时间，骑到了侯玉兰的家。她没有上高中，已经结婚生孩子了。一听说我被分配到贵州凯里，可是得先到山东寿光县炮兵农场劳动，而且马上要走了，她非常无奈可是又果断地说，你坐公共汽车去北京火车站，我骑商店的三轮车拉着你的行李到火车站见面。她在鼓楼东的宝钞胡同一家商店当售货员。就这样她把我送上了前往青岛的火车。还塞给了我一大包吃的东西。（后来她告诉我，看着火车开走，想着我从小娇生惯养，将孤身一人去农场劳动，不知猴年马月才能回来，还要去古时充军的贵州，好一顿伤心！）侯玉兰，你如今在哪里呀？

为了能在白天到达山东潍坊，好方便找位于羊角摊上的炮兵农场，我买的是晚上开出北京的列车。当火车启动时，广播喇叭里响起了“东方红太阳升”的音乐，大家都站了起来，拿出了毛主席语录小红书放在胸前。我心中充满了无奈的怒火和悲伤，惦念着还在月子里的二姐，好像看见了一向疼爱我的老妈妈那担心我和伤心的眼神（我离京前半夜醒来时，几次看到妈妈还没上床，一个人坐在椅子上看着我发呆）。我没有拿出语录书，尽情让像断了珠子似的泪珠落在了我手中抱着的妈妈给我缝的月琴口袋上。音乐响毕，大家都坐了下来。我谁也不认识，哭了好一会儿，昏昏沉沉地到了潍坊。按照通知书上的地址，我坐汽车找到了炮兵农场接待处。接待人员很奇怪地问我为什么没看到火车站的接待处。我根本不知道我来晚了一个月，火车站还有接待站。对上了人名以后，就有一个退伍军人（后来得知他是贵州 083 派去潍坊火车站接待将来去贵州凯里工厂工作的大学生的行政人员）送我们上了一辆汽车。两个多小时以后，我们就来到了寿光县羊角摊上的炮兵农场。

第五章

山东寿光县炮兵农场接受再教育

那是个一望无际的盐碱大沙滩。我看到了两排红砖房，学生连的宿舍。一共有整整一百个大学生。都是已分配到全国各地秘密单位的。主要是清华大学，北京大学，哈尔滨军工学院，北京轻工业学院等主要名牌大学的68届毕业生。我们外贸学院的有英二班的冯全宝，英七班的吴彦时，英十三班的王银森，张琦华，还有总是照顾我的同班同学，团支部书记郭素娟。还有本科的一位，我不太认识。只知道叫阚学义，另外一个同校同学叫郝建国。（五十几年后，我俩竟在微信群里交谈起来！）和没有分配单位的去唐山农场接受再教育的大学生不同的是我们学生连这100人没有受到呵斥，反而受到了欢迎。后来听说管我们的部队领导被告知，这些来接受再教育的100个大学生都是已分配到国家保密单位的宝贵人才，要善对。多年以后，听到许多上山下山到农村接受再教育的大，中学生们的艰苦生活和被欺负，被虐待的故事，许多事情惨不忍睹，不忍听，我觉得我还算是幸运儿吧。

我们过的是军人的生活，每天早晨五点起床跑步，有时做点军事训练，回来洗漱，吃早饭，然后到地里干农活。伙食那是没得说的，大米，小米，白面，炒菜，随便吃，每天都有荤菜。三顿饭前都要集合唱革命歌曲，背诵毛主席语录。下午从地里回来，没有多少时间就吃晚饭，然后政治学习。半个小时以后上床睡觉。我们20个女生睡在上下铺两大排的木板上。100个大学生中算生日，我是最小的。也是最不能干活的。修水渠时人家一个人，象哈军工的两位女同学可以一肩挑两筐泥巴，而我和清华大学毕业的席吟珠，两人抬一筐泥巴都站不起来。插水稻时，我竟出洋相，不但插不快，一有个青蛙或什么虫子出现在我眼前，就吓得连蹦带跳的。后来干脆就叫我坐在一个木凳子上拔秧苗，有小动物出现，我可以凭着我有力量的腹肌，把脚抬起来，尽量忍着不喊出声来，一怕惊动别人，二是也太难为情。劳动的日子真是度小时如年，我可是尝尽了"叫天天不应，叫地地不灵”这句话是什么意思了。

那时广播电台经常有毛主席的“最高指示”。一广播，全国就得欢呼庆祝。于是根据炮兵团司令部的要求，我们学生连成立了毛泽东文艺宣传队。100个大学生里人才济济，拉手风琴的，拉胡琴的，吹口琴的，会唱会跳的八，九个人就组成了这个宣传队。我当然也被选上了。一有节假日或最高指示发表，我们就得编出一台节目给驻在寿光县盐碱地上的全炮兵团演出。这时我就使出了我的全部本事，用新疆，内蒙古族，朝鲜族，汉族等民歌，和革命歌曲的调子添上新词再编出动作，排出队形来，大家给了我一个挺好听的名字“导演”。

为了按时上演节目，连领导命令我们不去下地，留在营地排演。大部分人没有经过舞蹈训练，所以我得教他们，有时得根据大家的意见改动作，一遍又一遍地排练。虽然有点辛苦，但比起下地干农活，对我来说，正中下怀，多累我也不叫苦。在农场我演过舞剧白毛女第一幕，老乡们也来看演出，当我被穆仁智的狗腿子抢走时，有的老乡还抹了眼泪。我还在扬琴伴奏下唱京剧红灯记里的李铁梅，出演小话剧等。尽管我劳动能力最差，可是还算努力接受再教育，思想单纯，与人为善，部队首长和连队的“同学们”对我印象不错，处处关照。我感谢我们这个大学生连的同学们都那么有水平，没有人恶意取笑我或给我穿小鞋。后来看到知青电视剧里，由于他们只是初中毕业，还不太懂社会，环境极其艰苦，也没有正式的指导员，被扔进社会这个大染缸或文化素质极低的农民家里受尽了折磨，我感到老天爷总是在保护我。让我在不幸中得到呵护。

我出生在北平市里，在北京市里长大，也没有农村的亲戚。再加上爸爸妈妈视我如掌上明珠，我的世界就是玩儿和学习。我的社会知识几乎等于零。出了很多笑话。比如说，马，驴，骡子有什么区别不知道，稻子，稗子有什么区别不知道，看见日出日落，月圆月缺都要高兴地叫大家来看。我们生活劳动的盐碱滩营地里没有自来水，宿舍前有一口大缸，同学们自觉轮流到不远的河里挑水来再倒进大缸里供大家使用。我也觉得自己应该做点贡献，没想到挑水不但是个力气活，而且需要一定的技巧。在河边我装满了前后的水桶，忍住肩膀的疼痛好容易站立起来，可是走不了，一走水就从桶里溅出来好高，把我的鞋都弄湿了，也挑不回营房。有一队战士在远处看我的洋相不禁笑了起来。后来家在农村的同学告诉了我挑水的要领，我苦练了一个星期，终于能走起来了。其实掌握了要领和“韵律”，挑水就跟跳舞一样。练的我的右肩膀又疼又痒，右手也抬不起来，早晨也不能梳头。只好让同学帮我梳头编辫子。但是从此以后，我就会挑水了。农场劳动后我去宁夏石嘴山看望二姐一家时（他们宁夏京剧团从北京下放到银川后又分成一团，二团，一团在银川，二团都搬到了煤矿基地石嘴山），院里没有自来水，我那7，8岁的外甥小纯负责挑水。他是我和妈妈带大的，一看此景，我心疼死了。于是我就大显身手了。二姐一家看到我如此“能干”，简直不相信他们的眼睛。骄姣二气的三姑娘竟然变成了能跳水的强劳力！

尽管我们在炮兵农场受到的待遇不错，吃得也很好。但是环境还是很艰苦的。我们20个女生睡在一个房间里。上下床连成两排，都是木板临时架起来的。我们一个挨着一个。冬天到了，有一次下起大雪来了，我还没有起床，就感到有人往我脸上洒冷水，因为太累太困了，我懒的动。等起床号一响，我睁眼一看，我的耳朵两旁堆起了两小堆雪。原来我睡在上边，对着我的屋顶漏了，雪花从外边飘了进来，堆在我头的两旁。大家都笑了起来。那一次我也觉得很好玩。可是后来的经历就很可怕了。班长把我从上边调到了下边睡觉。一个夏天的晚上我睡得很香，忽然觉得有什么东西在我耳边动，我一伸手，它就跳到了我的胸前，我是仰面朝上睡的，我就下意识地挥舞双手，碰到了一个小动物在我胸前跳来跳去，吓得我惊叫起来，撩起蚊帐一下子就钻到了我旁边郭素娟的蚊帐里。原来是一个耗子钻进了我的蚊帐。大家都被我吵醒了，忙着捉它，我不记得抓到没有，反正我再也不敢回到自己的蚊帐里了。郭素娟就像大姐姐一样，答应了我的请求，和她睡在一起了。

还有一次，刮起了十级大风。我只是听说过那么大的风力。没有领教过。我们住的房子上的瓦开始被刮走，几个男生爬上屋顶用什么去固定，我已经记不清了我要给他们送什么东西。只记得我从房子的拐角要回宿舍时，突然就好像我被人劫持了一样，推着我往相反的方向走，我收不住脚，被迫跑了起来。可怕的是风把我吹向几十米外的一个大猪圈。我想改变方向，但无能为力。我们排的女生都跑出来站在屋前看着我的样子，大笑起来，排长生气地大吼，还笑呢！快去两个人把她拉回来！还是那两个哈尔滨军事工程学院的女生（小罗和淑珍）把我拉了回来。否则我可真要进猪圈了。说起来很不好意思，但是我还是告诉你们吧，我在农场的外号叫：大娃娃。

这是我第一次离开家，想家的滋味就别提有多难受了。每次收到妈妈托人写来的信时，我都要伤心。一次吃过晚饭，我想再看看妈妈的信，可是又不想让人看到我哭，就走出去了。其实离营房不远，也就 100 多米吧。手里拿着信，先是眼泪止不住地流了下来，后来索性就哭起来了。我突然听到身后有呼吸声，回头一看，哎呀！我的妈呀，五只大狗围着我，个个抬着头看着我。把我吓得浑身都僵住了。这可怎么办呀，我就试着往后退，我退一步，它们就往前挪一步，汪汪地吼叫。我想赶紧回营房吧，转身撒腿就朝着营房跑，没想到他们不但跟在我的后边跑，还汪汪地大叫。我用出吃奶的劲儿快跑，中间过一个小水坑还摔了一跤，跑过炊事班门前，狗叫的声音把炊事班的司务长和战士们还有男生宿舍的同学们都招了出来，司务长把狗喝住了。我跑到女生房间门口，还没进房间就趴在墙上大哭了起来。女同学们也出来了，他们不知道发生了什么事，我也说不出话来，只管放声大哭。司务长也追了过来，看见我绣花棉袄的袖子都是泥水，问我被咬着了没有。我说没有，他说你哭的那么厉害，我以为你被狗咬着了呢！有人哭笑不得的说，没被咬，那你哭什么呀？你不知道见了狗，千万不要跑，你跑的越快它追的越急。以后我见了狗，再怕也不敢跑了。还是郭素娟像大姐姐一样，在我的箱子里拿出了一件干衣服，给我换上了。感谢上帝，在我遭难的时候，身边总会有人呵护我。

个别同学嘴上不说，其实心里想我太娇气。娇气不娇气，农场的紧张生活别人没什么事，对我处处是挑战，出早操，天气冷，我不习惯，吃饭时间短，我不习惯，后来我得了亚急性阑尾炎。被送进了军区在周村的医院，那里的故事就免了吧。两个星期以后我又被送回农场。什么时候再教育结束，谁也不知道。反正我也不想离开，因为离开就得去那遥远的贵州凯里。我太想妈妈和我陪他长大的外甥小纯了。经过领导的批准，妈妈带着小纯从北京来农场看我。我高兴的都睡不着觉了。终于亲人来了！

一年多不见，63 岁的妈妈满头白发。可爱的小纯也 6 岁了。炮兵农场给我们安排了一个住所，离学生连走路十分钟。一天三餐我都是到伙食房把饭打回来，我们娘儿仨尽享暂时的天伦之乐。那一大片盐碱滩上还从来没有来过老人和小孩呢。妈妈盼着我早日离开，担心我会在那荒凉的盐碱滩留下来。妈妈走了没有多久，我们就收到了再教育结束的通知。我真希望重新分配或是留在山东哪个地方。比贵州离北京近多了呀。一切按分配执行。我曾找到连长，问我能不能留在军队。他说，你们是国家培养的重要人才，我们怎么能留呢。我很失望。

1970 年 1 月初是我们离开的时间。我 24 岁半。因为我们那个年代在学校是不准谈恋爱的。所以绝大部分人都是单身。现在马上要走上社会了，谈婚论嫁也是天经地义的事了。我也收到了好几封求爱信，但我可能是情窦迟迟不开，对交男朋友之事一点不感兴趣。生理年龄和感情年龄不在一个水平线上。所以都婉言谢绝了。有一位北大毕业的同学分在北京，如果同意跟他做男女朋友，我就有可能此次借口调往北京。还有一位对我情有独钟的同学愿意陪我去贵州。不一一举例了。在这里我深深地感谢那些对我有情意的男士们，我尊重他们，从来没有对外人说过谁谁要想做我男朋友之事。那是一份纯真美好甜蜜的感情。我爱惜他们的感情，并深深记在心里。

第六章

难熬的八年贵州凯里山沟生活

1970年初，去宁夏石嘴山看完二姐一家人，回到北京，应该去贵州凯里凯旋机械厂报到上班了。这是我第二次离开北京，离开妈妈，哥哥和妹妹两家人，要走上社会，独立生活了，心里七上八下的。炮兵农场里有三位都是分配到凯里山沟三线工厂的。还都是外贸学院的。尽管我们三人都是在凯里，但是在三个不同山沟的工厂，谁心里也没底，因为确实是太远了，而且是从未听说过的地方，为了相互作伴，我们三人还是约在同一天坐同一辆火车去贵州。

那时凯里还没有火车，只能坐到都匀，再转汽车到处于不同山沟里的工厂。听说都匀有个四机部的接待站。妈妈看那两个同学都是男的，同一大学，同一农场的，勉强放心让我上路了。我的闺蜜徐雪华正在河南固始劳动，她妈妈让我带点东西给她，我也很想见见她。与我同路的两位男士同意在固始陪我一块下了车。雪华也特别高兴，她知道我爱干净，特地把被子，床单都洗了等待我的到达。可是到了外贸学院固始接待站，见到了值班的熊瑞堂老师，才知道离雪华他们劳动的地方还有一段距离，而且交通也不方便。思来想去，不能耽误那两个男同学的日程，我只好放弃了跟雪华见面的机会，把东西让熊老师转交给她。雪华白等了，我也很失望。可是我不敢一个人去凯里呀。几年以后，再回北京探亲的时候，我路过河北石家庄的时候，我们才又见了面。

火车穿过河北，河南，湖北，湖南进入了广西。就要到桂林了，闻名世界桂林山水的吸引力太大了，我们三人决定下车玩一下再走。那南国的风光真美，我们三个人谁都没来过，打听到最值得看的是两个石灰岩岩洞，芦笛岩和七星岩。果真值得，尤其是洞里的灯光把奇形怪状的各种各样的钟乳石弄的十分神秘。我还从来没有看见过这么奇幻美丽的地方。恋恋不舍地离开了岩洞，我们又赶到漓江河边，看到了象鼻山。大自然真是不可思议，一条由山组成的一个大象站在河边，俨然一条大象鼻子伸入水中。

虽然当年我们谁也没有手机和相机之类的设备，但是那个形象深深地印在了我的脑海中。一路的疲劳和失望一扫而光。

等我们回到火车站，想上去贵州的火车时可就傻了眼。每辆路过的火车都呼啸而过不停。我们没有注意到中越战争正在进行，军事物资的运输抢先第一位。好容易有一辆火车停下来了，拥挤的人群都涌向车门。阚同学和王同学都是个子高大又刚在农场锻炼一年多的二十多岁的青年，一下子就挤上了火车，本来我是紧跟在他们后边的，可是我两边的人不费吹灰之力就把我挤到后边了。我无能为力地看着他们，恳求说我们再等一辆吧，阚同学说，我们已经耽误了报到的时间，你使劲挤一挤吧。看着我身旁几十个身强力壮的人，我是无论如何也挤不过他们的。我又无奈又生气，干脆放弃了。王同学已站在车厢门里边，回头望着我丧气的样子，向我招手，出乎我意外的是，他竟然冲破人群跳下了车。走到我身边说那再等下一辆吧。火车毫无留情地开走了。我心里好感激他。要不然就剩我一个人了。看了一下时刻表，离下一辆还有两个多小时。我们是又渴又累，我建议到车站外一个饭馆吃点东西。他同意了。要了两碗米饭和两个菜，他稀里糊涂地很快就吃完了。我吃了两口，就吃不下去了，米饭硬邦邦的，菜除了盐味就是辣味，加上一路的奔波，思念老妈妈，又没挤上火车，白挨挤了，欲哭无泪，也不好意思在王同学面前表现出什么。我沮丧地坐在饭桌前，一言不发。他说，你不吃了，我摇了摇头，他就把饭菜都吃完了。然后我们就走回车站里，坐在冰冷的长椅上等下一辆火车。天也见黑了。他说这是运军事物资去越南的必经之路，火车晚不晚点，有没有都说不清。只要下一辆是去贵州的我们就得挤上去。

一个小时左右，去贵州的车开进站台了，没想到又有一大帮人挤着上车。看来我又要没戏，他说跟我来，只见他走到离车厢门两三个窗口前使劲敲玻璃，里边的人可能也想呼吸点新鲜空气，又看我俩文质彬彬的样子，旁边也没人，就把车窗户打开了，他说你从这儿进去，我可以从门口挤进去，我想好主意，就凭着我练过体操的能力，扒着窗口往上撺，可是窗户太高上不去，他不容分说，抱起我的双腿就把我塞了进去。车厢内的人根本没料到我会从窗口进去，不知所措。我一边快速地从小桌上爬过去，一边说对不起对不起，我们报到去上班已经晚了。他们也无可奈何。可是我发现，车厢里座位满了不说，走道上也站满了人，我连下脚的地方都没有。可是我也不能趴在小桌上呀，只好强挤了一个站脚的位置。好在那时我很苗条，没占太多的地方。火车马上要开了，王同学也从车门挤进了车厢。车开以后，他又想办法挪到我旁边，把我的包给了我。我俩苦笑了一下，就这样，没吃没喝，忘了几个小时以后，我们到了贵州都匀。

下车以后，083 基地的接待人员把我们带到了招待所。我们的行李早到了。给我们每人安排了房间。那时已有从不同地方来的将去不同山沟工厂的 68 届大学毕业生十几个人了。我们被告知在都匀休息一两天，每个工厂将派车来接我们去被分配的工厂。好几天没睡好觉了，我一觉睡到大天亮。吃早饭时没看到王同学，我打听到他住的房间，敲门以后，看到他躺在床上，有气无力地说，我发烧了，嗓子疼，什么也吃不下。我告诉他我工厂的车今天来接我，他说你不用担心，招待处已给我联系好了医院。下午就去看病。我心想但愿不是我给你拖累病了。看他病的样子很可怜，可是我也无能为力，我俩就是普通同学的关系，我有点自愧地离开了他。

我俩好几个月没有再见面。后来他告诉我，我们到了都匀他就开始发高烧，得了急性扁桃体炎，住了几天医院。好了以后才去的工厂。几十年以后，我们在广州，北京，旧金山，碰巧见了几面。直到两年前，我们回京参加毕业 50 周年校庆时，才又见了面，当年英俊潇洒的他和英姿飒爽的我都已变成了 70 多岁的老头和老太。满脸的沧桑，好令人感慨呀。他跟我开玩笑说，我俩大学四年，农场近两年，贵州三线七，八年，本应该发生点什么，可是有缘无份呀。我越来越感到：人和人之间的关系，有时好奇怪，应该发生的，没有发生，不应该发生的，它就发生了。怎么能解释的清楚呢？还是那两个字吧：缘和份。谁能抗拒老天的安排呢！尽管我跟他有缘无份，多年不见也不了解对方的情况，可现在反而成了知心朋友。我为他有一个爱他护他的好妻子和两个成功孝顺的女儿而高兴，他也为我在美国安家落户有一个幸福的晚年而欣慰。

话说回来，我要去工作的凯旋机械厂的大车从都匀，一个中等城市，在弯弯曲曲的山路开了两三个小时，拐进了一个山沟，还没下车，就听见敲锣打鼓的热闹声音，几个人手里还举着红旗，车上跟我一路去更远处工厂的一位说，谁分配在这呀，这么受欢迎。我不好意思的拿着我的行李下了车。没想到不是欢迎我的（我也没相信敲锣打鼓是欢迎我的）。原来是姐妹厂南丰机械厂（830 厂）来送苹果的。凯旋厂表示感谢特地敲锣打鼓欢迎南丰机械厂送苹果的人。083 送我的人帮我找到了政工组，一位工人模样的师傅说，把你的行李先放在桌上，你住的宿舍我还没找到人拿钥匙呐。我听说来送苹果的汽车一会儿要回南丰厂，就鼓起勇气说，我有一个同班同学在南丰厂工作，我能不能跟他们的车去我同学在那呆两天再回来。你们可能也找到与我同宿舍的人了。后来得知那位政工组的袁先生是文革中提拔到政工组的，很快就回原车间了，因为总参三部的军代表们都要驻进厂里了。造反派当领导的都得回原工作岗位了。袁先生对我很客气，好像我离开几天也解除了他没找到与我同宿舍的人的尴尬，说去吧去吧。跟你同学好好聚聚。就这样我坐上了南丰厂的厂车，过了几十分钟，我就见到了我的好友和同班同学，章桂兰。人生四大喜事：洞房花烛夜，金榜提名时，久旱逢甘雨，我俩是千里迢迢遇故知，原句（他乡遇故知），一下子就抱在一起了。甭提多高兴了。她没有去农场劳动，毕业分配后直接来贵州三线工厂，已经一年多了。

看来桂兰的人缘特别好。她带我到哪儿都受到欢迎。她宿舍里的室友都是北京无线电技术学校毕业的中专生，比我们小几岁。在这远离北京几千里的贵州山沟里能听到纯粹的京腔京韵，在一起说说笑笑吃饭，把我一路的风尘和思念老妈妈的沉闷心情一扫而光。后来她的朋友也成了我的朋友。尽管交通极不方便，过年过节或周末我还是争取到桂兰的厂里共度那度日如年的艰苦岁月。为什么说是艰苦岁月呢？现在贵州成了旅游之地。凯里所在的黔东南苗族侗族自治州也成为人们向往旅游的地方。可是当年（1970 年）那个地方除了电子机械工业部下属的十几个工厂稀稀拉拉分布在不同的山沟以外，都是少数民族居住的地方，如苗族，侗族，布依族等。他们点的是油灯，喝的是河水，说的是他们的方言，加上贵州是有名的天无三日晴，人无三分银，地无三里平的省份，生活在那样的地方感觉与外界完全隔绝。用“流放”这两个字来形容我背井离乡的状况是再恰当不过了。有一次我回京探亲，工厂的大卡车不知何时离开，我等不及了，就到路口碰到了一辆当地农民的马车去凯里，他好心地让我上了他的马车，车还没走到一半，就听到有人喊我的名字，然后一辆大卡车从我身边忽悠开过，原来是工厂的大卡车去凯里办事，车上都是凯旋厂搭车的同事们。他们风趣的跟我开玩笑说，一人坐专车，好浪漫呀。弄得我真是哭笑不得。只好微笑招手。

桂兰工作的南丰厂在所有山沟里的工厂中是离县城最近的，走半个小时就到了，我工作的凯旋厂走到县城要走一个半小时。山沟里没有商店，虽然说有公共汽车，但一天只有四次，也不准时。尤其是从县城上公共汽车回来好几十人挤一辆，我根本没戏挤上去。星期一到星期五，厂里的大卡车有时去县城拉东西，如果司机好说话可以搭车，可是回来就没谱了。我经常走去走回，就当拉练了。除了一串鸡蛋，和配给每人一个月半斤带骨头的肉以外，我什么也不敢买，因为买什么都要自己背回来。走在那前不着村后不着店的荒山上，有时一路上一个人也碰不到，不知为什么我那时也不害怕，反而当作一个独自尽情享受大自然的独特时光。奇怪的是当年我也没有哭，还时不时地哼着小调尽情独享那份“快乐”。现在回想起来，倒是有点后怕，如果碰上野生动物或坏人怎么办？我想一定是佛祖或上帝在保护我吧。

就这样我在贵州那个山沟里，孤独地生活了七，八年！那种孤独，寂寞，艰苦，叫天天无门叫地地无路，欲哭无泪，思念亲人的痛苦与无奈，无形中教会了我如何面待现实，如何自力更生，如何咬牙忍耐，如何不被困境折服我的意志和信念。在那痛苦艰难的环境下，我也学会了怎样交朋友，怎样从朋友们那里索取缓解压力的慰藉和好好生活的力量。在贵州的七，八年不能不说锤炼了我不怕万难，克服困苦的毅力和性格。

写到这里，我突然想起了听到的一个故事。我预科的同桌张邦林同学

（听说已离人世）大学毕业后被分到辽宁省的一个什么农村，一天有另外的同学坐车路过那个地方，看到一辆马车，马车旁一个男人蹲在路旁抽泣，他们停下车来想问问出了什么事，能不能帮个忙，没想到蹲在路旁抽泣的那个人竟是张邦林同学！我也记不清后边的故事了，好像是他的马车出现了故障，走不了了。当年我听到这个故事的时候，心中好悲伤啊！张邦林也是个大才子，他的字和写的作文也是当年同学中的佼佼者。我俩同桌。外贸学院堂堂的一个大学生竟一个人在辽宁的农村赶马车！发生这样的事，我只能说，当时的社会背景是多么的愚昧可笑。让人欲哭无泪。但愿这样的事情永不再发生了。可谁知道呢！？在贵州凯里的故事很多很长，我这里只总结性的写一些吧。

首先谈谈我的工作。我的专业是英文。应该分配到技术科情报室。但是大学生应该先到基层工作是当时对知识分子的政策。所以政工组通知我先到焊接车间上班。那是我第一次看见预制板是怎么焊接成的。十八，九岁的年轻工人都是从贵州各地上山下乡的高中毕业生中招进厂的学徒，还有一批上海到贵州上山下乡的知青。她们在焊接师傅带领下，手拿一个电焊杆按照图把各种电子部件焊接在一个预制板上，每天从上午八点到十二点，中午休息两个小时，下午从两点到六点。一天八个小时。她们管我叫李师傅，其实我什么也不懂，但年龄和资历都比他们老，好像在工厂都这样称呼，开始我很不习惯。时间长了，也适应了这种很奇怪的称呼。工作很单调，但是我也交了几个年轻的朋友。了解到她们从小居住在贵州各个远离大城市的小县城里，找到这份国营工作是很幸运的。没多久，车间主任李元克师傅就把我调到仪表组，让我接触等级高一点的工作：修理各种厂里用的仪器。这对我来说，更是一窍不通，可是我很高兴，因为仪表室的绝大部分人员都是北京无线电技术学校的老师和毕业生，北京人！他乡遇故知的那种感觉真好。我好像不再那么孤单了。我就开始学习电子方面的知识，看他们修理各种仪器。也跟他们交上了朋友。

半年多以后，九月份工厂的子弟学校开学了，老师不够，政工组通知我临时去小学校六年级当班主任同时教他们语文，算数等基本课程。到了学校以后，我好像又找到了新家，虽然老师们都是工厂技师的家属，但都是师范学校毕业的，对我这个新来的外语大学毕业生很欢迎。学生们对我也很好奇。那是我第一次站在小学校黑板前给同学们讲课。我们在一起度过了愉快的时光。五十年以后，我竟然与凯里小学校夏老师和她先生姚桂林的妹妹姚桂芳，我们贸院的校花，在微信上相会了！姚桂芳在话剧“年青的一代”里饰演的林育生的妹妹林岚当年给我留下了深深的印象。我们相约，有机会回国时见个面。真是大世界里的小世界呀。

话说那时是 1971 年，文化大革命还在进行，不过远在离北京的贵州山沟里，好像与世隔离。只是工厂的广播室每天早上播送中央电台的新闻和中午播送工厂各车间的稿子，放放革命歌曲，重要的一项是每天早上 6:30 要播送：“东方红”，把大家唤醒。一天，厂里宣传室的朱师傅把我叫去了，问我愿不愿意到广播室当业余广播员。仪表室的北京人郭淑芳（郭杰）也在那里做业余广播员。我欣然答应了。就这样全厂的人都认识我了。这给我后来的调动带来很大的麻烦。我最大的收获是结识了好几个从不同地方来的年轻朋友，天津无线电技校的王启惠（后来她调到贵阳广播电台做职业广播员了），上海到贵州的知青徐佩凤和王建华，工厂老师傅老杨的儿子，杨铁铮，工会主席毕师傅的女儿毕联蓉等。我从他们身上了解到了许多平常学不到的知识。和他们的接触给我本来孤身一人，谁都不认识的生活增添了很多色彩。

另一大收获是我利用广播室的特殊条件复习了我的英文。给我后来进京考外语及在外国驻华使馆工作创造了条件。那个年代上班聊天，看报都正常，就是学习业务则会被看成走白专道路。听外语广播也可能被扣上听敌台的大帽子，变成政治上一大污点。（听说我的一个大学同学喜欢装收音机，无意中听到了外国英语广播，被告发以后，就被审查了好长时间，不予重用）。可是学了一门外语，长期不用，就会生锈一忘掉了。幸运的是我的大学好友王淑绵从天津给我寄来了一大卷新华社英文电讯稿。读新华社的材料不会有错吧。不过是英文的，我广播的都应该是是中文的。怎么办呢。我就在每天晚上夜深人静的时候，一人在广播室里，开始朗读新华社的英文电讯稿，并且用录音机把我的朗读录下来，然后再听，看看哪些单词不懂，听听哪个发音不准确，听完以后马上把录音洗掉。我怕别人发现我在学习英文而带来不必要的麻烦。有时白天，实在无聊，我就把一篇中文稿子和英文电讯稿夹在“红旗”（党中央的杂志）中，走到山下无人会去的小河边朗读英文。那青山绿水，寂静无声，我可以放声朗读我喜爱的英语。山谷里回荡着我的声音，英语就像音乐一样，美妙着我的灵魂。就这样我没有忘掉英语口语。同时我还坚持着用英文写日记。多少年以后谈到这些事时，感到当年我那样做真是可悲，可叹，可怜，可笑。在逆境中如何生存，如何找到自己的欢乐和安慰，后来成为我的一项“专利”特长，帮我度过了许多难关。

任何事都有两面，在贵州那孤苦艰难的7，8年对我是个极大的挑战，但是环境培养了我的“勇敢，坚毅，乐观，豁达和智慧”（一位大哥后来对我的鼓舞和评价）。

我还有一个业余工作，团支部书记。这给了我很多机会组织青年男女的各种活动。比如说上山采草药，不但长了知识还旅游了黔东南美丽的山景，我带着青年们在清水江里游泳，在车间与车间之间举行篮球，羽毛球，乒乓球比赛。我还参加了厂宣传队，我们坐着大卡车到别的山沟给姐妹厂演出舞蹈，歌唱，话剧。那时战备的气氛还很浓，25岁以下的男女青年都需要军事训练。我26岁，刚过了一岁，我不去大家都很遗憾，包括我自己也很遗憾。厂武装部的季部长想出了一个妙招：聘请我当军训的随行摄影记者。于是我跟大家一块儿爬上了凯里著名的香炉山。在那里我们训练用步枪打靶，每人三发子弹，满分是30分。我惊讶地发现我打了27分！作为一个团支部书记，我没给自己丢脸。乘着兴奋的劲头，我借了一把冲锋枪，让我当时的蜜友杜伟（杜家盈）在香炉山最高处照了一张难忘的手持冲锋枪英姿飒爽的照片。后来在老影集中被我的美国丈夫金发现了，不知为什么他十分兴奋，到照相馆翻拍了一张放大的，还买了镜框镶了起来。我告诉他我并没开过冲锋枪，只是在军事训练时拍了一张照。他说没关系，我很喜欢，还拿给许多朋友看。

经过一年多的“下车间接受工人的再教育”我终于回到了我本应该工作的技术科情报组。那时厂里几个技术员正在发明一种电子计算机，只有法国的一些材料供他们钻研。文字都是英文，我就凭着我牢固的英文语法知识笔译着那些我根本看不懂的技术资料。有时和电脑设计师杨师傅一块儿琢磨。凭着他的专业知识和我的英文能力，我们翻译了几大本厚厚的说明书。我也学习了一点电子方面的知识。

位于云贵高原与四川盆地过渡地带的赤水要建立一个钢铁厂。083 科技处陶炎明处长急需引进设备说明书在 14 天内把英文说明翻译成中文说明书。几个厂的情报室抽掉了四个英文翻译集中在一个工厂里做这项工作。我是其中唯一的女生。我们连夜作战，只用了四天四夜就完成了任务。王银森同学也被调来了。我们来贵州转眼五年了。他已是两个女儿的父亲了。我也和王冰生于 74 年结了婚。王银森同学和我后来又在不同场合见了几次面，我们一直是好朋友。

我在贵州凯旋厂的难忘时光还有几件事不能不写。

上边谈到我刚到工厂时，政工组的袁先生没有找到宿舍的同室人，我就当天乘南丰厂来送苹果的车和我的好友桂兰相聚了几天。等我回来时，我应住的宿舍还是没有人回来，那是一个三层楼的单身楼，一层和二层住的是男生，三层住的是女生。结了婚的都住在家属区。我站在宿舍外边等，袁先生找来找去，终于找到了与我同宿舍的一个女孩。看样子只有 18，9 岁。她嘴里嘟囔着生气地用钥匙把门开开了。一进门，她就用力地推摇着一张床，用浓重的贵州话说，看看，这里怎么能住人哪。你们只管往进塞人，不顾我们的死活！她说话的声音那么大，对袁先生的态度那么凶，全然不顾我的存在。我还没见过这个阵势，不知如何是好。外边天已黑，我也不知该怎么办。袁先生直跟她说好话。劝她先让我住下来。这时又来了几个同年龄的姑娘，有三个也是住在这个房间的。她们也开始向袁先生抱怨，说的贵州话我也没全听懂。我一声不响地走到窗前，一是可怜袁先生在我面前让一个小姑娘这么训斥，二是没想到我第一晚到宿舍就招来同宿舍人的这么不愉快，和在南丰厂的热情欢迎气氛天壤之别，三是思念北京的亲人，望着窗外漆黑的大山，我的眼泪再也忍不住了，哗哗地流下来。就听见一个姑娘说，别吵了，她都哭了。突然间一切都安静了下来，她们把我的行李拿了进来。一个口气很善良的姑娘，记得她叫小熊，对我说，你别在意，我们不是对你。袁先生如释负重，跟我打了个招呼就下楼去了。那个很凶的姑娘说，他们就是不关心我们，让你新来的人住在上床，我们这里已有四个人了。我说，没关系，我就住在上床。你们不用过意不去。和她们后来相处的还不错。好像住了几个月，我就搬到广播室去了。

工厂里没有商店，全靠大卡车每周去拉蔬菜供家属区的人购买。单身就只能吃食堂。食堂的米都是库存多年的红糙米，面做出来的馒头也是褐色的，一点油水都没有，更谈不上粮食的香味。菜呢，都是跟海带一起煮出来的。吃完饭用水一冲就干净了。因为没有油，根本用不着洗碗剂。从炮兵农场出来时，我是又白又丰满，来贵州不到一年我瘦的只有五十几公斤，两条小辫又干又细。望着眼前一座又一座连绵不断的大山，我的情绪沉到了底。这样下去怎么能行呢。我忽然想起了我应该试试打太极拳。于是第二天我六点就起床了（六点半是我开广播电台放东方红的时间）。

我们的工厂坐落在一个深山的峡谷中，寂静无声，只有大山。我试着开始打 24 式太极拳。谢天谢地，几年没打太极拳了，我还记得动作和名称。写到这里衷心感谢预科体育方备老师。她的先生龚祥瑞是北京大学的教授，请我去过他们家。二老慈祥和善，让人感到很亲切。方老师曾是中国第一个南京女子手球队的成员。因为我当年练体操，记动作快，她教的 24 式太极拳我很快就学会了。她很喜欢我，给我照了第一张体操照片，还经常让我带领大家打 24 式太极拳。她生病的时候，我去看她，她还送给了我她书写的诗词。她的乐观顽强的精神总是鼓舞着我。下定决心以后，在那冷峭峭的山谷凌晨，我每天早起打几遍太极拳，开始时还有点不习惯，慢慢地我就和青山好像有了点感情。几周以后，奇迹出现了：我的沮丧情绪好像神不知鬼不觉地离开了我！晚上也能睡着觉了。后来我在美国教太极拳，需要给学生介绍太极拳的历史和益处，学习了很多资料，才认识到我们祖先发明的太极是天与人的合一，是人可以用从宇宙得到的能量打通自己的血脉，虽然说不治百病，但可以让你排除五脏六腑内存在的不正之气从而达到健康一点，快乐一点的效果。一旦气脉打通。心情也会自然快活一些。方备老师，如果您在天有灵，就会知道我多么感激您当年给我的“任务”，我要深深地再拜您一拜。

另外有三家从北京搬来的738厂的师傅（李元克师傅和他太太徐师傅，陶振荣师傅，林麦圈和他太太张颍南师傅），分别在周日请我到他们家做客。我在他们家能吃上香喷喷的米饭或是白宣宣的馒头，有时有鱼，有时有肉。我的生活好像有了点亮光。让我永不忘的是李师傅的小女儿凯凯和张师傅家的琳琳，只有五岁左右。都成了我的好朋友。一到周日早上，她俩就打扮的漂漂亮亮的，从家属区走到广播室来找我玩儿。看到她们就像看到了两朵刚开放的花骨朵，我的心里也开了花。我带她们到五楼的屋顶阳台上，教她们跳舞，唱歌，有时我们还做丢手绢，套花盆儿等游戏。看着她们天真无邪的小脸，亮晶晶的大眼睛，听着她们可爱的童音和我把她们逗乐了咯咯的笑声，我忘记了心中的苦恼和忧愁。

后来她们长大以后，我们又见了几面，凯凯和爸爸妈妈随凯旋厂的十几户人家搬到了杭州，她上了大学。琳琳家也搬到了杭州，考上了他爸爸的母校，清华大学。我调回北京后，凯凯的妈妈还通过外交部干部司找到了我和冰生的家，来看望我们和刚出生的女儿。张颍南师傅也带着两个女儿到三里屯我家住了两夜。我们畅谈到深夜。后来我还去了杭州，看望他们。可惜的是我到美国以后，我和他们就失去了联系。可爱的凯凯和琳琳，你们现在也有五十多岁了，可能都已成了奶奶或姥姥。如果有朝一日你们能读到这些，那真是老天开恩了。我永远感谢你们在我最孤独的时候带给我的欢乐。你们那天真可爱的笑脸和对我的亲情让我孤独的灵魂在那前不着村后不着店的遍野荒郊好像有了一时的着落。那是你们纯洁心灵发出的能量让我心中充满了一股热流。

在那偏僻的凯里山沟沟里，有两个单纯幼稚可爱的灵魂陪伴我度过许多寂静的周末，她们的爸爸妈妈还常常请我分别到她们家作客。那特殊环境下的美好时光终身难忘啊！每当我想起那时那景总是眼中含泪，心里无限感慨。

后来我自己成立了家庭，过年过节的时候，我不由自主地会把单身同事请到我家来，因为我太知道那孤独寂寞的滋味了。

第七章

从贵州调回北京五年艰难之路

1971 年我回北京探亲时，碰到了我的老同学王冰生，他是我的初恋，也是我的原配丈夫。他是一个真正的顶天立地的男子汉大丈夫，聪明至极，幽默诙谐，洞察力超人，风度翩翩，英俊潇洒，为人诚恳，爱的真切，爱的执着，关于与他的故事，后边单写吧。

1972 年尼克松访华，开始了中美历史的新篇章。周总理问道，“我们培养的翻译都到哪里去了？”冰生所工作的外交部下属的外交人员服务局人事科长知道了我俩的关系，招见了我，并对我进行了业务考试。马上决定调我到北京外交人员服务局工作。我人还没回到贵州凯里工厂，调令就已发到厂里了。

我回凯里几个星期后，冰生写信问我，调令发了好长时间，怎么外交人员服务局还没收到我的档案。我既高兴又担心地找到人事处，那个平常对我很亲热的王科长说，“我们正在研究呢，不会这么快的”。看着她那似笑非笑的脸庞，我的心凉了一半。那得等多久呢？我那几个从北京 738 厂调来的师傅和好朋友，都替我高兴找到了高中和大学同学并成为了我的男朋友，同时也在为我担心：厂里会不会放我走呢。可悲的是除了王冰生的焦急和我的无奈让我心情不快以外，厂里又传出了闲言碎语，他们说我不安心呆在三线，为了调回北京，在北京找了一个年龄大的副部长级的干部。因为他们说只有副部级的干部才有资格调家属进京。我真是感到受到了极大的侮辱，但也只能忍气吞声。等了好久，一直没有消息，我鼓足勇气，找了王厂长问关于我调动的事有否决定，没想这位十五级的老干部，跟我说，“你的一封调令弄得全厂都不安心了，我已收到了 200 封要求调动的申请信，你捅了马蜂窝，你说我怎么办？”他的话弄得我哭笑不得。我算老几？一个二十几岁新分配到工厂的大学毕业生，无权无职，我有那么大的影响吗？

多少年以后，我听到了一个短语：羡慕，嫉妒，恨。世上很多解释不通的态度，表现和行为，好像这五个字就可以说清楚了。也不用问为什么了。

想当年我所在的凯旋厂，除了招来的上山下乡的学徒工，绝大部分技术人员，工人师傅，包括行政领导都是从北京 738 厂一声令下搬到那山沟里的，而且无限期，不知猴年马月才能离开，我刚去两三年就要调回大家魂牵梦萦的北京，怎能不引起一时激起千层浪呢？我现在太理解那时人们的心理了。

就这样耗了好长时间，我又去找军代表老李，前边介绍过，总参三部派了几个军代表到我厂来工作，老李是厂党委第一把手。我跟他说了我的情况，他说现在国家需要你们这样的外语人才，可是我一个人不能做主，我们尽快开个党委会讨论一下你的调动。听说，党委会讨论时一共五个人，三个军代表都同意我的调动，王琪厂长和倪总工程师不同意。举手表决，三比二，按照党内少数服从多数的规定，通过了我的工作调动。我真不明白，我有那么重要吗？在上千人的工厂里，我根本算不了什么。纯粹是故意刁难。但厂里总算通过了。管人事的王军代表通知了人事处党委会通过了我的调动。但是人事处那个王科长说还不能发出我的档案，需要报上级单位 083 通过。又等啊等。这时军代表要撤离回北京的消息传来了。

我顿感情况不妙，他们都走了，谁还能替我说话呢。军代表杨积厚离开凯旋厂那天，我也追到了 083 所在地，都匀。我找到了人事处，接待我的是原在章桂兰南丰厂工作的小张，当我问到我调动的情况时，她告诉了我，你们工厂的报告没有提到北京需要你去工作的事情，只是简单地写了一句，“本人在北京有个男朋友，要求调动，本厂通过”。上帝啊，这是多么荒谬！我听了以后上吊的心都有了。小张还说，“我们得报贵阳国防工办审批。不过这样报上去肯定不会批的。男朋友不能算家属关系，你得让你们工厂人事科重新申报，说明调动你的原因是工作需要”。我顾不上气恼，马上找到老杨，他还没离开，他也是厂党委会同意我的调动的三人之一。我把情况跟他一说，他苦笑着说，没想到他们在文字上打主意。我请求他能不能到 083 人事处说明真实情况。他是干部，又是我厂军代表，比我说更管用。他真的去说明了情况。小张说那我们还是报到上一级，贵

王冰生农场劳动后被挑选到北京外语学院进修，
毕业分配在科威特驻京使馆工作

阳国防工办，你尽快让你厂补充一个文件，说明一下。我回到工厂找到人事科的王科长，她现在是连假笑也没有了。很不耐烦地说，好吧。我明显地感到，军代表一走，他们这些老厂的干部都会串通一气的。但是人在屋檐下，不得不低头啊。我一筹莫展。耐住性子，等啊，等啊。

贵阳国防工办也迟迟没有消息。我趁着去贵阳出差的一次机会，找到了国防工办的办公室。那天是星期六，我开完会已是中午。我只有半天时间来问询我调动之事。因为没敢耽误时间吃午饭，就去找国防工办所在地。饿的我走不动了，想找一个饭馆吃点东西再去。可是饭馆里没有一样菜是不辣的。贵州人吃辣不亚于四川人，而且没什么油，干辣。那时我还没学会吃辣的。我只好在一个小摊上买了一个干瘪的苹果和还没有鸡蛋大的一个梨，坐在马路边上啃了起来。虽然不像乞丐，一个二十几岁的姑娘坐在贵阳马路边上啃水果的那个样子可能也够滑稽的，我是永生不忘那个场景啊！

我找到了国防工办已是下午三点多了。大院里静悄悄的。我想可千万别下班了，正想找个人问问人事处在哪，天无绝人之路，对面来了一个年轻的姑娘。“李师傅，你怎么到这来了？”她一问我，我高兴的要跳起来了。原来她就是曾在我厂车间工作的小柳。我当团支部书记的时候，为她的入团问题，我还说服了不同意的人。因为她十九岁还是学徒时，就和一个军人谈恋爱了。其它方面她都表现不错。我说她工作认真，为人温和，关心集体，19 岁已到成人年龄。不能因为谈恋爱就不能入团。后来她结了婚。调到贵阳了。没想到在这样的情况下和她相遇了。

我把我要问的事情简单说了一下，她说她爱人就在此大院工作，她可以让他爱人到人事处帮我问问我调动工作的事情。等了不到一个小时，答案回来了。国防工办人事处没有收到我厂说明我调北京主要是工作需要，只说有个男朋友在北京。还是原来那一句话。处长还说，男朋友从法律上来讲不属于照顾范围。怎么厂里和 083 都批准了呢？我们正要发文件不予批准调动呢。我听了以后，虽然十分失望，并没感到末日已到，我毕竟阻止了他们把不予批准的文件发给工厂，那样原党委会的决定我可以调动的决定就可以推翻了！险啊！他们的手段多“高明啊”。既然上帝让我在关键时节遇上熟人并知道了真相，那就有救。我请求他们不要把不批准的文件发到厂里，让我再与北京联系一下。那个处长说，北京可以把调令直接发给国防工办嘛。我说可以请王冰生到北京外交人员服务局人事处说明情况，请外交部人事处直接给国防工办发调令信。他说那好我们等一等吧。

人世间的事竟然有如此戏剧，厂党委会以三名军代表对两名地方领导的险胜让我险得准许调动的决定，可是他们还在上报的文件上搞名堂，让我调北京的梦破灭。我不知是喜还是怒，不知是哭还是笑。但是觉得我好想挽救了一场火，我没有白来贵阳一趟，我像流浪汉一样在马路边啃干瘪水果的苦没有白受。小柳算是我那天的贵人。后来学到一句名言“爱人就是爱自己”，至于“善有善报”在我一生的生涯中印证了无数次。很多次在我面临危险的时候，总有一只无形的手托我一把。让我逃离险境。

感谢了小柳和她爱人，告别了贵阳，怀着满心的惆怅和怒火，我回到了凯里工厂。度过了不眠之半夜，等到了早上，我要去找副厂长王毅同志告个状，同时也发泄一下我内心压抑这么长时间的委屈和绝望。他不在办公室，秘书告诉我他正和车间主任们在会议室里开会。我知道那会一开就是一上午，我实在不想等了，就走到会议室，隔着窗户大声说，“王毅同志，请你出来一下！”老先生不是北京老厂的干部，是从农业部调到三线我厂来的。因为他的办公室和广播室都在一排房，平常我们经常见面，他挺赏识我，说我办事极认真。现在他看我怒气冲冲，和气地说，“有什么事啊，我正在开会”。我说我刚从贵阳回来等不了了。为什么钟石林（人事科的科员）在我调动的上报文件中不提外事工作需要我，而只写男朋友之事？我声音之大，窗户又是开着的，里边的车间主任们都鸦雀无声。王副厂长把我拉到一旁，小声地说，你这么着急是办不成事的，我一会跟人事科问一问。他又补充了一句话，让我目瞪口呆：“你还有希望回北京啊。我们呢，我们得永远在这呆下去了！”看着他那无奈的表情和老态龙钟的样子，我哑口无言。我的调动就这样遥遥无期。心情郁闷之极。

1974 年我和冰生都已近三十，72 年北京的调令就到了工厂，两年已过去了，还是渺无音信。结婚后，过了春节，还没读完蜜月，假期已到，我只身回到了贵州凯里。中共中央经毛泽东批准又发起了批判林彪和孔子两个人为主题的政治运动。简称“批林批孔”运动。我的调动又暂停了。灰心加失望就是我那时的心情。真是度日如年。

话说到了 1976 年，中国发生了许多重大的事件，中国三位领导人周恩来总理，朱德元帅，毛泽东主席在同一年先后去世，同年 7 月 28 日在唐山发生了 7.8 级大地震。我根本无心工作，八月份请假回到北京。和冰生住在院中的防震棚，“享受着”余震，和亲人在一起同甘苦共患难的日子比在贵州孤独一人好多了。当年 10 月 6 日国务院总理兼公安部长华国锋，中央军委副主席兼秘书长叶剑英，国务院副总理李先念等人在中央警卫部队领导，中共中央办公厅主任汪东兴的支持下进行逮捕行动，拘留了祸国殃民为非作歹的四人帮，江青，张春桥，姚文元和王洪文。

那年我已经 31 岁了。要个孩子的想法终于开始启动了。我怀着孕单身回到了贵州凯里。三个月左右的时候，发生了一件不幸的事。

厂里工会主席老毕的龙凤胎的女儿，毕小五，也是我好朋友毕联蓉的妹妹，得了骨癌，离开了人间。她长得漂亮，又懂事，篮球打得特别好，才 15 岁呀。我心中好难过，不想与任何人说话，就打了一瓶八磅水瓶的热水提到了我在五楼的办公室，想在自己的办公室里，喝点热水，静静心。我知道她的同学们都在做花圈，准备第二天的追悼会。想想那么年轻的生命就这么快失去了，她的父母，兄弟姐姐怎么承受啊。越想越心烦，越想越难过，看着火炉旁的一堆硬煤块，我干脆坐在一个小板凳上，用铁锤砸起煤块来，因为第二天上班生炉子也需要小点的煤块。根据国家规定，贵州属于南方，不提供暖气，可是天无三日晴的贵州冬天阴冷，于是各个办公室都配有一个烧煤的炉子来取暖。砸了一大堆后，我无精打采地回到了宿舍。我突然觉得下身有点凉，一看有点见红了，不知该怎么办，我就走到了陶师傅家，她一听说，马上说，不好，得赶紧去医院。她先生老赵是保卫科科长，马上开来了救火车（当时没有救护车），把我送到了凯里的八一八医院。医生检查了一下说，需要住院保胎。大家把我安排好了病房，就都走了。看着空荡荡的病房只有我一个人，外边天黑黑的，我好悲伤，忍了一天的眼泪这时再也忍不住了，躺在被子里就哭了起来。一会大夫来了，她安慰我说，你不要难过，我会尽我最大的努力帮你保胎的。

住了几天医院，没有什么动静，又做了几个实验，大夫失望地说，好像听不到胎心了。冰生知道了以后，心如火撩，他打过电话来说他走不开，全家决定送她的妹妹来贵州看护我。我的几个好朋友都来到了医院，帮我出主意。陶师傅问大夫如果我马上乘火车回北京路上会不会出事，答复说，她算是高龄初产妇，打上保胎针，估计路上不会流产。大家征求我的意见，我说，“回北京”！当天晚上，陶师傅和小刘师傅把我送上了开往北京的火车（凯里与北京已有直达火车）。我冒着车上流产的危险，勇敢地做了两夜三天的火车，终于回到了冰生身边，我的一颗心总算落下了。就好像一颗东倒西歪的幼苗，找到了一棵大树。在可能出危险的多种情况下，我总是险过灾难，上苍啊，我感恩感德啊！

第二天我们到了北京市妇产医院检查，大夫说目前听不到动静，明天还是再做一个实验吧。到家的当天晚上，我想，有冰生，有大夫，现在什么也不怕了。就高兴地唱了起来，什么“北风吹”，“绣金匾”唱得好开心。唱着唱着，下身就突然流血了，冰生马上叫来了车，把我拉到妇产医院，等大夫的时候，我已经控制不住自己，血流了满地，我俩也找不到什么东西给人家清理，好难为情。护士把我推到病房，大夫马上给我做了清宫手术。后来看到电视剧里，死于产妇大流血的故事比比皆是。如“骆驼祥子”里的虎妞，由斯琴高娃扮演；“活着”里的那位儿媳，由巩俐扮演。我真是幸运啊。但谁又能保证我不会是那个不幸的妇女呢？

我马上给工厂写了信，请假一个月。我俩谁也没伤心，只是婆婆有点可惜。不过还给我做了好吃的，养了一个月。记得是三月底回到了贵州工厂，那年邓小平恢复了工作，7 月 15 号我又接到了外交部的调令信。这次该是板上钉钉的事了。当我让人事处新科长杨先生签字的时候，他说是不是应该再报 083 呀。我说，杨科长我的事拖了五年了，您就放我吧。他的儿子杨铁铮曾在广播室工作过，跟我是好朋友。杨科长就说，好吧。他签了字，也同意不再报 083 批准。我心花怒放，可是不敢再耽误，俗话说夜长梦多啊。我决定马上离开凯里回北京，跟几个好朋友说我什么也不要了，你们就自己把我的东西都分了吧。77 年 7 月 17 号，我就拿了几件随身穿的衣服，背着个小包永远地离开了那个锁住我八年的山沟。在火车上我兴奋得一直没合眼，真像做梦一样。那几年困在深山里的刺激，让我回京后仍然做了多年的噩梦，经常从梦中哭醒。因为我坚强地活着，至死都要等到回北京。可是回京无指望，不知要耗到猴年马月。我的头发都苍白了。醒来以后，庆幸只是一场梦。“世上无难事，只怕有心人”的信念在我心头扎下了根。

没成想我的好朋友们两个月以后，把我的“财产”，包括我在当地买的楠木木料都用火车给我托运回来了！经过几年的磨难，折磨，痛苦，失望，我终于回到了亲人们的身边，回到了日夜思念的冰生身旁。

我为什么要写的这么详细呢？因为调动工作是我一生中最烦恼的事情，最无奈，最受刺激，最痛苦的事情，它让我和亲爱的丈夫分居好几年，煎熬了我好几年，耽误了我好几年的青春。此外还给我和家人们带来了语言难以表达的忧虑和痛苦。人心的叵测，世间的复杂，给我上了一辈子难忘的社会课。写的这么详细也是怀念我和我的初恋，我的原配丈夫王冰生共患难的岁月。他一直在忠心耿耿耐心地等待着我，关心着我，鼓舞着我。

1975 年，他还护送我到贵州凯里工厂，每天用仅有的一点食材给我变样做饭吃。从 1972 年到 1977 年我们团聚。刻骨铭心，终身不忘。他是我心中永远挺立的一颗大树。

谈到调动工作，在这里我想记录一件让我万分感动的故事。

1972 年 2 月 21 日，一件惊动全世界的大事发生了－在巴基斯坦总统布托的联系下，中美两国还没有正常化的情况下，美国总统尼克松访华到达北京了！我正好回京看妈妈，那天我怀着好奇的心里，来到了天安门故宫前，和成千上百的中国人站在马路旁边，等着尼克松一行的车队从天安门路过。那天的天气是阴天，没有人说一句话，鸦雀无声，“来了，来了”。有人小声说，就看从东边开来长长的一个车队，警察开道车队列过去后，一辆大红旗牌的豪华轿车从我们眼前驶过，车的前边两面国旗，一面中国国旗，一面美国国旗。我猜想尼克松一定坐在里边。遗憾的是车里的窗帘没有打开。车队过去后，人们就悄悄地散开了。我不知人们心里都是怎么想的。反正我的心里很激动：中美隔绝状态就要结束了。关系正常化的进程开始了。我们这些学英文的毕业生应该有用场了吧。

果不其然，我听说周恩来总理问过，“我们培养的那些翻译都到哪里去了？”因为 1965 年是中国各大学招的最后一批大学生，1966 年开始就停止招生了。我们 1968 年分配时，绝大部分外语院校的学生（全国也没几所，北京外语学院，北京对外贸易学院，北京外交学院主要三所）都分配到农场，或全国各个地方了。所以外交部和外贸部都在寻找他们下属院校的毕业生。条件是，没有在当地成家，如果双方都是外语院校毕业生除外，还保持着一定的外语水平都可以召回北京。我在那么远的贵州，消息闭塞，当然听不到这些。

我的一个老同学看到我的老妈妈一人在京，身边虽有儿子儿媳在身边，可是婆媳不和，连话都不说。当年我在学校时就经常回家处理家务事的事情大家都知道。他就到外贸部找到了管人事的苗俊卿老师，（这个同学自己也在外地工作，他已被同意调回外贸部）提到我家的困难，并要求苗老师帮忙，还“骗”苗说我是他的女朋友，请求照顾一下。后来又得知，我俩中只有一个名额可以回京，他又改口说我俩不是男女朋友关系，我的家庭情况更需要我回京照顾老妈妈，不知是苗俊卿老师认识我，知道我家的情况，还是同情他的一片苦心，真的同意了，并把外贸部的调令发到我在贵州凯里的厂里。我对这些情况一无所知，当我到我厂人事处询问外交部调我的事项时，才听到王科长说，“别问了，外交部的事还没通过，外贸部的调令也来了，我们还不知道怎么回答呢”！可能他们根本就没回答外贸部，怪不得几年后，我才听说，苗俊卿老师对我还有误会了：说我只想上外交部，看不上外贸部。天呐，我是外贸学院的毕业生，那里有好多同学，我怎么能看不上外贸部呢。只要能回北京，回到妈妈身边，让我做什么都行！这个误会不可能，也没必要解释了。因为我一等就是五年以后了。但是那个老同学，当时的无名英雄（对我的帮助虽然之后才得知），却因帮助我错过了时机，耽误了几年后才调回外贸部。我打心里一辈子感激他。

有时我想，人与人之间的关系是那么奇妙，不可思议。好几个同学跟我说过，你自己不经意有这么多的追求者。我后来才认识到：一方产生了爱以后，就会藏在心里，就会不由自主地做出奉献，就会只想对方不顾自己，默默无闻无私地帮助对方。不期望对方对自己有什么好处。这就是纯洁的爱，真正的爱。

下边是许多人最想看的我三次的婚姻缘分，那我就一位一位的介绍吧。

我觉得我真是个整个世界幸运的女人，他们都是打心眼儿里无私地爱我，爱的那么执着，那么深切，全面地支持我，愿意我生活得更好，是值得我要好好写一写的绅士们。他们都是我生命中不可缺少的一部分。从他们身上，我学到了很多很多。他们都是我心中的男神和英雄。不管旁人怎么看待我，批评我，鄙视我，我都不在乎。我心里明白，大千世界，离奇百怪，冥冥之中，命运的安排和生活的不可思议，不是你我可以驾驭的！他们在我的心中永远顶天立地，值得我深爱一生！

第八章

我的原配丈夫王冰生——我的大树

人和人之间都是有缘分的，冥冥之中都是有安排的。我和王冰生 1961 年考入北京对外贸易学院预科，开始都分在英语四班，后来按成绩分班，都被分配在三班。都是段景欣和韩国泰英语老师的学生。他是几何课代表，我是语文和体育课代表。双方没有深厚的友谊，也没有闹过什么矛盾。可以说青梅竹马，两小无猜，相互敬重。同一个大学，但不在一个地方，直到毕业分配也没有什么来往。但若干年后，命运就把我俩连在了一起，成立了一个人人羡慕的美满家庭。这难道不是人们常说的，“百年修的同船渡，千年修的共枕眠”吗？

71 年我从贵州回京探亲，我骑车到海淀区给我厂的军代表的老妈妈送火车票，因为军代表托我把他的老妈妈带回贵州。回来的路上，一帮穿着朴素的学生叫我的名字，回头一看，哇塞，原来是我预科和大学的老同学们刚从哪劳动回来。68 年我离开北京后，从来也没听说过他们的消息，更不用提见面了。现在突然在海淀区的马路上碰到了他们，好象亲人多年不见，格外亲热。他们 7，8 个人热情地请我到他们“回炉”学习的外国语学院叙叙旧。我才得知他们毕业以后被分配到唐山农场接受再教育，这几个人被选拔出来到外语学院继续深造。然后分配到国家用外语人才的单位。我都工作三年了，他们还没分配工作单位。我们相互“羡慕”吧。长话短说，好像绝大部分同学或是结婚了甚至有孩子了，或是正在进行时，只有他们中的王冰生和我都单着呢。我俩 15，6 岁都考进预科一直在一个班，大学虽说不在一个班，但都在外贸学院，他在车道沟本校的英一班，是尖子班，我在市内的英一班，也是尖子班。他们的英语老师张冰姿和我们班的英语老师张荫余暗地里在比赛，看谁教的学生好。我听说文化大革命前，学校从两个班里分别挑了几个同学去参加出国留学考试，考试结果口语第一名是张冰姿老师班的王冰生，笔头考试第一名是我们张荫余老师班的陈震宇。可以说打了个平局。考完试，文化大革命就开始了。这几个出国学习的机会也吹了。人的命是不是天注定？

在学校，在农场，在工厂都有好几位条件不错的大学毕业生，外贸学院的，北大的，清华的，哈军工的，等等都直接的，或间接的想跟我交男女朋友。前面提到过也许是我的情窦迟迟不开，细想起来也许是没有我满意的，转眼26岁了，我还是单身一个人。心中那个白马王子迟迟不见出现。周围的人都替我着急，担心，张啰。但是我从来没有失去过信心一我的白马王子该来就会来了。

谁能想到在北京海淀区的大马路上，他竟然出现了！从68年到71年我俩不在一起也不知对方的情况。经过这次的巧遇和同学的撮合，我和王冰生就开始以男女朋友的身份通信。翻开相册，好几张少年时期的照片，无论是全班同学在一起，还是课代表在一起，他都站在我的旁边（这是别人发现的）。难道这不是缘分吗？从来没想到过要与对方怎么样，我俩现在突然谈起恋爱来，好像有点奇怪，但是一帆风顺。

72年我用一年一度的探亲假回北京和他“正式”见面，他那时已被分配在外交部下属的外交人员服务局科威特驻中国大使馆任首席翻译。官称叫“中秘“。他第一次下班到我家来时，我不在家。后来我刚一进门，就见二姐喜出望外的，兴奋地跟我说：“刚才王冰生来了，我多年没见他了，没想到他长的这么高了，完全跟小时候不一样了。记得在预科时，我去看你，一个小男孩，白白的脸，穿着中式小褂，像小花脸似地大声喊，‘李崇俊，外边有人找！’我对他的印象太深了。现在他还有小时候的模样，可是又高大，又英俊，风度翩翩。我心里甭提多高兴了。真高兴你跟他交朋友了”。几年来，二姐一直为我在找男朋友，不知费了多少心血。我好像一直无动于衷。没交男朋友也成了妈妈的心事。几次妈妈都生气地“训斥”我：“都多大了，还只知道玩儿，一天到晚，也不想想个人的事，我看你玩儿到什么时候算一站。”我回嘴说：“对，我就爱玩儿，到了八十我还玩儿”。现在看到她们这么喜欢王冰生，我也很高兴。

我俩第一次约会是到我最喜欢的颐和园，看到他从一个比我矮许多的小男孩变成了比我高出快一头的英姿飒爽，风度翩翩，洋气十足的超等帅哥，我心中充满了从未有过的喜悦。二姐，二姐夫，他们的女儿晶晶，和我的发小都来陪伴我俩的第一次约会。他一点也不介意。和大家处得不卑不亢，落落大方，客客气气，有理有节。我对他充满了好感和敬意。在颐和园，我们留下了难忘的照片。他是我的初恋，甜蜜的初吻让我永生不忘。

我的探亲假只有可怜的十二天。在我离开北京回贵州之前，他说外交人员服务局干部科的科长要见我，可能还要考考英语。那次见面和考试后，我人还没到贵州工厂，调我回北京到外交部人事处报道的调令就已经到了我工作的凯旋厂。至于后来调动工作中所经历的挫折，前面已经详细回忆过了。这里就言归正传吧。

一转眼，两年过去了。这两年之间我俩用英文书信往来，每周一封，倾诉着相互的惦念，思念和对人生的理解。1974 年我回京探亲，王冰生转告了我他和家人的意见：结婚吧。我的虚荣心让我觉得靠妻子的身份调回北京不光彩，我应该是因外事工作需要而调回北京的，所以对结婚有点犹豫。冰生大姐劝我说，你俩结了婚，这是更好的理由。她比我大四岁，是北京大学物理系的高材生，也在北京电子系统工作，她喜欢我，我一直很敬重她，即使后来我和冰生因种种原因分开了，我和她一直保持着联系和友好的关系。我和妈妈，二姐商量了一下，她们早就喜欢冰生了，可我什么都没准备，怎么结婚呀。服务局的领导给我们找了一间女职员住的房间，她们春节回家探亲了，算是借用。二姐和妹妹忙里忙外准备床上用品。婚礼就定在冰生家，除了两家人谁也没请。我们 1974 年 1 月 20 日结婚了。

首先是二姐和妹妹带着妹妹一岁多的小女儿到百货大楼给我们买来了床上用品和基本生活用品一大堆，怎么拉到干面胡同借的新房去呢。又是我那个初中同学，侯玉兰，在我第一次离开家去山东炮兵农场时，骑着三轮车把行李给我送到北京火车站的好友，她这次又自告奋勇用三轮车把二姐和妹妹给我们准备的东西从鼓楼小石桥拉到了快到东单的干面胡同。第二件有趣的事是干面胡同外交人员服务局的位置被二姐认出来了。那就是我四，五岁时上幼儿园的地方！她告诉我是她给我找到的那个幼儿园，当时是美国救济总署办的幼儿园，管吃管喝管上课而且不收任何费用。每天她早上送我去，下午接回来。我忽然想起来一个情景：我第一次去的时候，下楼梯不习惯，从楼梯上边滚下来了。她说，对了，你从小就爱摔跟头，经常被人碰倒，一摔倒你就休克，把我吓坏了好几次。幼儿园里有一个胡老师，特别喜欢你，因为你学唱歌跳舞很快。长大后听人说过，life is a circle，生活就是转圆圈，没想到我四，五岁上幼儿园的地方变成了我的洞房！后来我到美国驻中国大使馆商务处工作，87年到美国加州来留学，现在有个美国丈夫，定居在美国加州最美丽的地方，难道我和这个美帝国主义就是有缘吗？！

好景不长，住了不到二十天，人事处干部通知我们，房主要回来了，给我俩在服务局的另一个宿舍区，找了一间房子。我的御用“三轮车司机”侯玉兰又来帮忙了，她说，怎么回事，还没度完蜜月就得搬家，不像话。我说我和冰生已经感激不尽了。好在没什么东西。到了地方一看，我们都笑了，原来给我们找的房间是苏州胡同原日本驻华大使馆的一个花儿房。三面都是大玻璃亮堂堂的，还好的是花儿房位于后院一个大院子里，旁边没有邻居。我俩继续度蜜月。三月初我就得回贵州去了。后来每年一次的探亲假就成了我俩唯一能相见的宝贵时间。记得每次我坐着从贵州开到北京站的火车徐徐进站的时候，都能看见站在第一个进道站台头儿的那个英姿，那就是他，我日夜想念的冰生！我也总是把车窗打开，急切地追寻我那熟悉的面庞，他从火车的窗户看到我以后，跟着火车跑着，从窗户外伸进手来拉着我的手，那份思念，那份情爱尽在不言中。每当我离开北京回贵州时，他都买好了许多我爱吃的零食，当我一想到不久就得离开他恋恋不舍止不住流泪时，他总是安慰我说，伤心是没有用的，时间过得很快。希望就在前边。

我们之间的深情厚谊和难以言表的夫妻情爱是感天动地的。是永远不会消失的。也是我美好的回忆和纪念。有些人反问我，那你们俩还是分手了，写这些有什么用呢？多年来，通过学习，聆听高人讲座，观察我身边的人们相互之间的关系，我觉得我们生活的这个三维世界太小了，太局限了，太平淡了，太刻板了，太限制了。宇宙之大是我们不可想象的，人与人之间的关系是复杂的，是受许多约束的，是不可掌握的，是不以人的意志而转移的，也是不可预见的。且不说“百年修的同船渡，万年修的共枕眠”，就是碰在一起，也是缘分。任何人之间建立的电波就是一种能量。这种能量会给我们带来永恒的力量。鼓舞我永远向前。详详细细地记录下这一切，怀念那甜蜜的时光，回顾那同甘共苦的岁岁月月让我心中充满感激之情。痛苦已经过去了，留下的是不尽的能量。

1975 年，冰生还陪着我回到了贵州凯里。虽然他比我小一岁，可是他总象大哥哥一样照顾我。厂里给我们一间临时家属宿舍，他每天哪也不去，利用有限的物资给我变样做早点，中饭和晚饭。虽然条件很艰苦，他总是笑呵呵的，不时开个幽默小玩笑，暂时结束了我多年单身生活的苦闷。下班之前，我感到十分幸福，因为我不用回单身宿舍，而是走向家属区，回到温馨的小家庭，回到他的身边。他好像一轮明月，让我感到宁静；他又好像一个太阳，让我感到温暖。其实他就是我身边的一棵大树，让我永远有安全感，依靠感。好像天大的事，我也不怕，因为有他为我扛着，为我思维，为我着想。

1977 年，北京进人终于解冻了，我迫不及待地回到他身边，到外交人员服务局报了到。局里安排我们住在新中街的招待所。休息了没几天，局里通知我到坦桑尼亚驻京大使馆做中秘工作。从此我就开始了我梦寐以求的幸福生活。

第九章

在北京生活十年的风风雨雨

我们在上大学的时候就被通知我们将来的工作就是当中级或高级翻译。听说领先的教学方法也让我们受益匪浅。虽然说离开大学已经九年了，多亏好友王淑绵当年给我寄的英文材料，我背着人练习说和听，加上冰生和我一直用英文通信，交谈，还有的是形势发生了变化，学英语成了时髦的事儿，我工作的工厂也开办了业余职工学校，让我下班后教职工们英语。所以我的英语基本上没忘。我到使馆工作的第一天，就没有语言障碍。坦桑尼亚驻华大使卢辛德夫妇和其他外交官对我的工作也很满意。除了翻译工作以外，我还管办理去坦桑尼亚的签证。陪大使，大使夫人和所有外交官及他们的夫人们去办事。我在坦桑尼亚使馆工作的五年中，使馆一共有13位孩子出生在北京。我和冰生的女儿王晓楠也于1978年4月26日出生了。给她取名晓楠，谐音的意思是知晓妈妈在南方贵州的不易，同时希望她像楠木一样成才。她没有辜负我们的期望。

冰生永远是我生活中的一棵参天大树。他赢得了我们李家兄妹五个和他们的孩子们对他的敬意，尊重和亲切之感。至今仍念念不忘。我怀孕五个月时，妈妈得了脑血栓，冰生接到了妹妹的电话，他怕我着急，就告诉我他得陪外宾去长城，回来比较晚。一天下来，我心神不定，下班前给冰生工作的加拿大驻华使馆同事打了电话，询问冰生什么时候能回来。同事无意中说出他去怀柔了，看望正在医院抢救的妈妈。我是又着急妈妈，又心疼冰生不得不编谎言，怕我担心。他一个人自己扛着关心两个人的重担。我没有怪他，反而心中起敬与感激。妈妈被抢救过来了，生命保住了，可是不能自理了，连说话都不会了。大姐在天津，二姐在宁夏，妹妹在北京郊区怀柔，儿子刚刚几个月，哥哥虽说在北京，嫂子与妈妈多年不说话，冰生义不容辞地把妈妈接到我俩住的招待所，看着他把妈妈背上楼时，我的眼里充满了泪水。就这样，他每天除了繁忙的外事工作外，还要照顾我和妈妈，采购，做饭，洗涮。可从没见他愁眉苦脸过，世界上哪有这样的

冰生带楠楠划船。楠楠在我们家属区的外号叫王公主，因为她的神态走路的样子和矜持的表情活脱一个小公主。

好丈夫，好女婿！多年来李家全家大大小小一直对他充满了赞许，敬意和怀念。

这里我还要写一下楠楠出生的故事，简直像一场滑稽剧。

78 年 **4** 月 **25** 日，中午一点半，我刚和妈妈吃完饭不长时间，突然我的肚子开始疼起来，我知道预产期已过了几天，也看了一些产妇保健的书，应该去医院了。我马上准备了一些东西，和好了一块面，告诉妈妈我要去医院检查身体，让她告诉冰生下班后蒸点馒头或花卷，就骑上车，朝南池子胡同里的北京市妇产医院去了。是的，我是自己骑着自行车去的医院。带产妇乘自行车去医院好像也是我生活中的一个“模版”。

1968 年 9 月二姐要生女儿了，是我骑自行车带着二姐穿过黑黑的后海去的积水潭医院，1970 年 1 月二姐要生儿子了，也是我骑自行车带着二姐穿过冰冷的后海去的积水潭医院。这次轮到我自己要生产了，我已“轻车熟路”了。自行车王国的我，名不虚传。70 岁前后我回北京时，仍然可以在拥挤的北京马路上自由驰骋。

从新中街到南池子的妇产医院，骑车路上需要 40 多分钟，我知道初产妇不会马上生的，开宫十指需要很长时间，少说几个小时，慢者要一到三天呢。冰生那么担心我，每次陪我去商店时，都要护着我，怕万一被别人碰着。我不能让他着急，更主要的是刚得完脑血栓的老妈妈还需要他照顾呢，所以我也没给他打电话。

书上介绍过宫痛开始时都是半个小时左右，然后逐渐缩短阵痛的间隔时间。我在路上痛了两三次，每次痛时，我就用右脚停在马路沿儿旁边，等疼过了继续骑。不到一个小时我骑到了妇产医院，把车存好以后，挂了号。护士问我你先生呢，我说他忙工作，下了班还要照顾生病的妈妈，我自己骑车来的。她很怀疑地说，你怎么知道要生了，到预产期了吗，不知能否收你住院，等着吧。那时文化大革命刚刚结束，不知为什么大夫护士都跟吃了枪药是的，说话很不客气。我已经历了那么多人间无情之事，也不在乎她的态度。一会大夫来了，检查过后说，收她住院吧。我得给冰生打个电话让他有空时把我存在医院外的自行车骑回家。他急忙来到了医院，想看看我，可是不让他看。他只好怏怏地回家了。

那天晚上 10 点多开始，我就疼痛难忍了。腰和肚子疼起来真要命，而且总是一块儿来袭击我，疼的我直拉桌子腿，我不想像其她产妇那样大喊大叫的，多丢脸啊。我总想去厕所，好象站起来疼痛会好一点，去了两三次以后，护士跟我生气了，大声说，你能不能忍着点，要是把孩子生在厕所里了，怎么办？大概半夜里，大夫让我上产床，这下子更不能随便动了。我是又饿又累又痛，真有生不如死的感觉。哪知道生个孩子这么艰难痛苦呀。我再也不会要第二胎了。宫缩的时间越来越短，我就是生不下来，进同一产房我们四个产妇，那三个都生完孩子被推走了，后来又进来两位，也生完被推走了。就是我一个人还躺在那里，这时护士和大夫也很着急。现在写到这，(44 年前的事情我仍历历在目）我真是哭笑不得。因为一场戏剧性的嘴仗开始了。主角就是我和北京市妇产医院产科的大夫，护士们。

我听见一个人说，这位躺在这一夜了，人家后来的都走了。还有一位说，她的条件，骨盆的形状和尺寸都很适合生孩子，怎么不会使劲呢。我忍不住了，就插话说，我不是不使劲，我一点劲也没有了。还有一位说的更刺人，不会生孩子就别要孩子，我听着觉得太不像话了，就反驳说，这个孩子也不是我计划要的，是意外怀上的，只听她说，你们看她有劲儿跟我们吵嘴，没劲儿生孩子，真没见过。

护士的职责就应该是同情病人，帮助病人解除痛苦，他们应该是白衣天使，可是在我最需要关心，最需要帮助的时候听到了这么恶劣的语言，而且都是训斥的口气。中国应该是礼仪之邦，人和人之间应该相互关心帮助。尤其是一个高龄产妇在生第一个孩子的时候，听到的都是训斥，嘲笑，和攻击，多么不可思议，多么歹毒的心肠！其实我也不应该怪她们那么无理又刻薄，文化大革命的浪潮把人们内心的善良都冲跑了，好像说话越冲越厉害就越英雄。温良恭俭让，这出于论语的做人标准早在文化大革命中被批的体无完肤。刻薄尖酸挑剔嘲笑就是许多人留下的后遗症。无可奈何呀。

我从下午一点半离开家，一口水，一口饭都没有人给过我，我实在是筋疲力尽了，听到她们这么数落我，我也无能为力，不与她们一般见识了，只好闭上了眼睛。只听一个人又说，哎，你们看，她竟然睡觉了。她还大声地冲我喊，你别睡觉啊，你的孩子还要不要了？我有声无气地说，当然要了。这时已经天亮了，大概六点半了，大夫和护士们开始交接班了。好像是一个新大夫的声音，她说，你躺在这儿一夜了，现在我们帮你，更需要你拼命使劲，把孩子生下来，否则会把孩子憋坏的，我说好吧。宫缩又来了，大家一起喊使劲！使劲！我使出最大的力量，只听大夫说，我必须得剪一刀了，我想爱怎么着就怎么着吧。大概是 7 点多，我的女儿来到了人间！开始我对她没有什么感情，折腾了我十多个小时，疼痛难忍，我也没有做妈妈的准备，看着她的丰满的小圆脸，我还在想，这就是我的女儿吗？我当妈妈了吗？

恋爱，结婚，怀孕，生产，养儿育女是多么幸福的事情。然而所有的幸福都会伴随着痛苦。它可以送你去上天堂，也可能让你下地狱；你可以受宠若惊，享尽天伦之乐，也可能让你丧魂失魄，受尽折磨。这就是生活！不可否认地说，我本来是个单纯的让人有时不太相信甚至称我为幼稚的一个小女人，生活中一层又一层的“污染”和“腐蚀”改变了我许多。

楠楠的生长很顺利，大额头，满头卷发，胖乎乎的小手小脚，从来不哭，人见人爱。我和冰生每天白天上班，中午也回家，我还有喂奶的时间，家里请了保姆来照顾妈妈和孩子。充满了天伦之乐。遗憾的是妈妈在楠楠满周岁一个月后，就离开了我们，享年73岁。俗话说，73，84是人生的坎儿年。妈妈看到了我的女儿，可是我的女儿记不得她的姥姥。我现在也当姥姥了，我让我的外孙和外孙女享尽了姥姥对他们的爱。

楠楠有爷爷，奶奶，大姑，二姑，小姑，大爷，大妈，大姨，二姨，四姨，舅舅，舅妈和他们各家的孩子。我们李家的第三代一共是12个人，楠楠是最小的一个。王冰生家第三代有6个人。楠楠一共有17个表兄弟姐妹。每个周末，我和冰生不是回爷爷奶奶家就是在家接待客人。直到今日，这些表兄弟姐妹们还相互往来，楠楠到哪儿都受欢迎，她是个幸运儿。我也从来没跟她说过，她出生时，妈妈是自己骑车到的妇产医院，受了一夜的罪，也没跟她说过大夫和护士是怎么数落我的，我们是怎么打嘴仗的。我写的这么详细，也是为她写的，将来有朝一日，她读到我写的自传时，她会比较一下她在美国从怀孕到生两个孩子，是多么的幸运和幸福。

转眼我在坦桑尼亚驻华大使馆工作了五年。美国与中国1979年1月1日，正式建交后，1982年美国商务处也成立了。第一任美国商务参赞薛林先生与我会面后，就让我在那上班了（当时使馆没有地方，商务处就设在建国饭店里）。在商务处工作的五年中也是充分发挥我的能力的五年。我帮助了无数的美国公司，政界人士，企业家了解了中国，与中国对口公司和政界人士相识，也帮助了中国各个机部，公司，包括沈阳，武汉，兰州等地的单位和企业与美国商界联系。我还配合美国大使馆接待了无数国家级的，大大小小的企业的访问团，谈判团，经常无准备的被叫去做现场翻译。里根总统访问中国时的答谢宴会的座位都是让我来安排的。

当时的商务一秘雷德先生（后来成为美国驻中国的大使）给我写推荐信的时候说，美国商人来商务处需要见的人其实就是李女士，因为她对中国的情况了如指掌，中国单位的电话号码也都在她的脑中。由于商务处的官员对我的工作十分满意，曾安排送我到美国来“学习”作为奖励，可是跟服务局没有谈妥，就安排我到香港美国商务处“学习”了几天，作为奖励。总之，我在美国驻华大使馆商务处工作，十分顺利，如鱼得水。可以说工作，家庭，生活三美满。

冰生在加拿大驻华使馆工作也很出色。联合国在中国招第一批同声翻译时，他报名参加了考试。在全国几百人当中，他脱颖而出，是最后30人选中的一个。这次他又错过了出国的机会。他不但没有灰心，反而高兴地说，真要让我去，我还舍不得你和孩子呢。我们也从招待所搬进了使馆区内的服务局宿舍大楼，有了自己安宁的住宅。住家环境优美，没有公共交通，非常安静。我俩都有外事补贴，真是一个幸福美满的小家庭。

（在波及全球疫情中，我的美国先生结束了他在意大利三年半的工作合同，我们健健康康平安无事地从意大利搬回到了美国加州自己的家。下边的篇章是在美国加州蒙特瑞续写的。）

很多人都问我，那你为什么离开了人们所羡慕的工作单位，理想的爱人和可爱的女儿只身一人来到美国呢？

我也反复地问过我自己无数次这个问题。被中国制度辖制和工作中的尴尬处境是主要原因，而我是个不知足之人则是另一个原因。

举几个工作中让我尴尬的例子吧。

我当时工作的单位是有许多不能说不能做的事情，而这些不能说不能做的事情许多是我不能理解而且深深伤害我心灵的。比如说我和冰生结婚的事情，要请示领导。他当时在科威特驻中国大使馆工作，大使对他敬重加信赖。领导让他跟大使请三天假，说自己身体需要住院做检查，不能告诉大使自己要结婚。为什么？说是怕麻烦。这是什么逻辑？结婚是人生中一件大事，用住院作为请假的借口，难道不是咒他吗？又比如，我生孩子的时候，当时我工作的坦桑尼亚驻华大使馆的夫人想到医院来看看我，领导让另一位翻译跟大使夫人说，小李她不让你去，不太方便。这样的回答让大使夫人很不高兴。

还有一件让我不太高兴的事。我们工作的外交人员服务局是中国外交部下属的一个局。有个不成文的规定是在那里工作十年以后，可以派出当外交官。听说中国驻澳大利亚大使需要一对年轻的都会英文的夫妇，有人推荐了冰生和我。当时出外当外交官是我们学外语的梦寐以求的光荣差事。可是服务局人事处就是不放，给外交部人事司的回答是，王冰生夫妇俩不能放，一个是加拿大驻华使馆的顶梁柱，一个是美国驻华使馆商务处的台柱子。要真是这样看重我们也不是件坏事，但紧接着的评级别的事就让我百思不得其解了。

我们毕业以后就没有评过级别和职称，我们在外国驻华使馆工作的翻译统一被叫做中文秘书。这第一次要评正科级，副科级与科员了。而且说明评级不与工资挂钩。在讨论到我和冰生的级别时，有位领导说他们夫妇俩只能上一个正科级，一个副科级，否则影响不好。工作的重担和成绩在这里难道就不考虑了，顶梁柱的说法在这也不适用了？可能是我还没有脱出“斤斤计较”这个圈来。名利之心让我失望了好久。

另一件事就更让我像吃了苍蝇一样，掏不出，挖不出的恶心了。

美国驻华使馆商务处一建立，我就被美国第一任商务参赞薛林先生（Melvin Sears）选中在那里工作。五年以后，商务处扩大了很多，从原来的只有两位官员和我，扩大到五位官员，两位秘书，两位中国司机三位中国职员。这五位官员，个个都会说中文。新的商务参赞一口流利的汉语。我的主要任务好像就是安排接送和答谢宴会。我有点厌倦了，正好美国使馆文化处的首席翻译王拓强要被派出国当外交官，他告诉我文化处想从内部挑一个“中文秘书”顶替他，如果找不到就再跟服务局要人。

文化处的工作我一直很喜欢，因为主要任务是中美两国之间的文化交流。我喜欢这个范围的工作。于是我就跟商务参赞詹士顿（Richard Johnston) 很不好意思地谈了我想换换工作，能不能去文化处面试他们要的首席翻译。没想到詹先生笑眯眯地说，你知道我们美国人是尊重一个人的自由选择的。尽管我不希望你离开商务处，但是我不会阻止你，因为我尊重你的意愿。我真不敢相信他是这样的态度。太大度了，太感人了。于是我就兴致勃勃地去了文化处。文化参赞跟我谈了几分钟后，他说我们很高兴你愿意来这里工作。你能从下星期一开始吗？我说可以。但需要问一下商务参赞。

我回到商务处办公室，又去敲商务参赞詹先生的门。我刚开口说文化处要我了，让我下星期一去上班。他仍是笑眯眯，很和气地说，我已经知道了。文化参赞刚给我打了电话。祝贺你。

当天晚上，我刚一回到家，就看见冰生的不见笑容的脸。原来领导已找他谈话了。他们也听说了我想调动工作的事情（我还没来得及向他们汇报呢），表示不同意。冰生说领导让他说服我改变我的主意，还回到商务处去工作。这就像一盆凉水泼到了我的身上。我问为什么？他说，领导说影响不好。我说，什么影响？这是内部调动，两处的参赞都同意啦。我下星期一就去文化处上班了，怎么撤回？冰生说，领导担心大家会议论说李香辉太自由了，想上哪就上哪。我生气地说，这又不是他们的安排。冰生动员我接受领导的意见。我想不通，不同意撤。我俩僵持不下。说来说去，晚饭也没吃。最后他说，那你好好考虑考虑吧。如果你坚持不撤，会有什么结果？对你对我今后的工作有什么影响？我也想象不出他们会对我做出什么样的举动，不听组织的话，这个大帽子一扣在一个人的身上，真像俗话所说，吃不了兜着走！

经过一个周末的思考，我只好妥协了。根据领导的建议，我星期一去找商务参赞詹先生，就说，关于调动的事，我回家跟我先生说了，他不同意。原因是我在商务处工作好好的，到文化处还得从头开始。所以不想去文化处了。我在按领导教的话跟詹士顿违心地说我不愿意说的话，我觉得我好像再把我刚吐出来的东西又强迫自己咽回去一样。真像吃了苍蝇一样恶心。这不是让我打自己的脸吗？那我有什么选择呢？我硬着头皮把编的谎言告诉了詹先生。他还是那个笑眯眯的脸，他说，那太好了。欢迎你回来。走出他的办公室，我不知道该高兴还是该伤心。这件事也给我后来来美国埋下了一个隐患。我被认为是个服务局的要人，也可能是个有特殊任务的人被安插在商务处。我刚到美国旧金山大学一个多月，就被美国联邦调查局注意上了。他们追踪了我好几年，发现我对政治根本不感兴趣，也没有特殊任务，才不理我了。

从此以后，我就觉得自己是一颗棋子，没有腿不能走，没有翅膀不能飞，只能被动地任人摆布。在我想从美国使馆内商务处换到文化处这件风波中，我深深体会到，不管一个人的主观愿望如何，客观上胳膊是拧不过大腿的。我也看到冰生的确是处处是体贴我，理解我，帮助我的一个好丈夫。我的任性会给我俩带来不良后果。我只好忍气吞声了吧。但我天生是一只孔雀，是一只酷爱自由的鸟，不会认命圈在一只笼子里生活的灵魂。我的血液中留着满族妇女反抗精神的基因。发生的这一切奠定了我要离开服务局的想法。

随着开放国门的政策，出国留学的风越刮越大。我的一个大学同学离开了大学教书的岗位来到了美国旧金山州立大学留学。在她的鼓动和帮助下，征求了冰生的同意（他知道我在服务局工作不开心），我毅然决然离开了这个人人羡慕的岗位，割舍了冰生和可爱的九岁的女儿（当时我想，反正是一年），只身一人离开了生我养我的北京，飞到了只有电影中才偶尔看到的美国加州旧金山。

这其中还有一段不可解释的事情。让我后来在百思不得其解为什么我和冰生就没能作为夫妻走到底的困惑中似乎找到了答案。那就是天意和命运。是我们自己摆脱不了的，冥冥之中我们的生活好像已被定格了。

事情是这样的。我得到美国签证以后（申请了两次才被批准）就开始张罗买机票的事。那是 1987 年的 7 月份，冰生被派往英国访问（那时他已被调到外交人员服务局教育处负责培训英文人才的工作）回京日程不定期，阴错阳差我俩就没见上面。就这样，我87年7月13日离开北京（那天是个星期五。13和星期五对美国人来说是不吉利的数字。怪不得我订不到其它日期的机票呢）。他第二天7月14日飞回北京。我当时还想，怎么这么巧？上帝不给我俩见面的机会，也可能是怕我与冰生分别时我们会太伤心的。这一别就是五年啊！后来我曾问过几个大师，为什么我和冰生这对恩爱夫妻没能走到头，一位道教大师说，“你俩缘分已尽。。。”。另一位佛教大师说，“这是命中注定的事，谁也改变不了的，你即使不出国，也会发生婚变。。。”。在命运面前，为什么我们人是那么无可奈何呀？

插曲　回到美国继续写作

写到这里已经是2020年的十月份了。全世界除了中国以外，都仍沉浸在新冠病毒肺炎的恐怖之中。我从意大利搬回美国加州蒙特瑞也过了四个多月了。朋友们绝大部分都不敢相互来往。利用这难得的时间，我回顾自己的一生，回忆我生活中的人们。算起来，我1987年离开中国北京来到美国旧金山，到现在为止已经33年了。这33年中我经历的上上下下，前前后后，饱含着的酸甜苦辣，喜怒哀乐，悲欢离合，怎能用语言来表达呢。我已是人生七十古来稀进入耄耋的老人了。活一天就找乐子，争取快活每一天吧。人生苦短，何必问出个所以然呢？活在当下吧。

我幸运地找到了六场通透（就是京剧的多面手，指乐器件件精通）的梅派专家包起龙老师，他不但是乐器的的多面手，而且生旦净丑样样出色。每周一在微信上跟他学习让我痴迷的京剧，委婉动听的唱腔透过屋顶，穿过星空。已上仙境的领我进入艺大精深的京剧殿堂的二姐，二姐夫，董霞玉老师，帮我的票友老前辈和仍在世的老师，票友都能听到我的歌声和心声。荡游在艺大精深的，魅力无穷的梅派艺术世界令我心旷神怡。每次上完课，都觉得荡气回肠，兴奋很久。

除了周一每次一个小时学京剧以外，2020年8月中旬我又幸运地从介绍如何欣赏旧金山芭蕾舞团首席演员谭元元的一次讲座中，得到了和中国培养的第一批芭蕾舞演员史锺麒老师在ZOOM上学芭蕾基本功和他编的舞蹈的学习机会。又辛苦又欣慰地复习，学习我从小就喜爱的芭蕾舞，悠扬的钢琴曲和做不厌的芭蕾基本动作让我欣赏世界顶尖艺术的欢喜飞向那遥远的宇宙，向给我创造，培养我这个情趣的老师，教练和朋友们送去我言语难以表达的感谢。史锺麒老师年过70仍是那么潇洒，腿功惊人的专业水平，让我不得不佩服。也鼓励我不要放弃。

在当今这个到处是疫情恐怖气氛中，我反而觉得好像是生活在一个世外桃源，一片净土，打兵乓球，跳舞，做气功，听讲座，收拾院子和菜园，学习烹调，和朋友聊天。我无忧无虑，无牵无挂。我好像从来没有这么心净，满足，放松过。我要感谢上苍，感谢给我创造这一片静土的人。我要完成我的家史和自传。

思来想去，我还是欣赏我的私人高参的建议：用我从宇宙接收到的能量回馈爱我的我也爱他们的这些亲朋好友。让天地之间给我的正炫波在这世界如此莫测的环境中给他们送去我的感谢和心底深沉的爱，希望我的能量能变成无形的美好电波，祝福这些亲朋好友，无论是今日还是未来都能让他们感到我对他们衷心的感谢和良好的祝愿。

曾有个学长跟我探讨爱情和婚姻的时候，他说“一生之中，若遇一人，知冷知热，携手白头，是件多么温暖而美好的事情。感情之所以被歌颂，就是因为它的不容易得到，有幸得到，且行且珍惜”。他还说过，“爱情是要追的，而且爱情是对自己的爱情，当明白地看到自己的爱不再得到热烈的反馈，那就勇敢地放弃，关上这扇门，等待着新的热烈”。

当我们谈到中国人和美国人的差别之一也体现在爱情婚姻上的时候，他说，“中国人是能凑合就凑合，将就一生的夫妻有的是，但是在美国或发达的一些国家，人们很少忍受爱情失落和婚姻失效，他们深刻知道自己的一生短暂，不应该糊度过。要不同于他人，人的寿命即使长度相等，也要有自己的宽度和高度”。

我曾几度迷茫，在徘徊，痛苦，挣扎的过程中，恨不得抓住上帝的手，请他给我指点迷津。人生是经历，爱情是功夫。怎么爱别人，爱世界，别人就怎么对待你。我切身体会到，人生哪里只是柴米油盐酱醋茶，吃喝拉撒睡，对我来说像是波浪汹涌澎拜，惊涛骇浪。爱情到底是什么？是无法用日常的语言来描述来表达的。当一个人充满爱的时候，他的心是那么美好，善良，很多时候会沉浸在取舍之间，纠结在爱与被爱之间。

我有时觉得自己很幸运，也很幸福，因为我没白来人间一趟。上苍给了我比别人更多的考验和关爱。让我珍惜在世的每分每秒。

第十章

我的绅士们

下边先写写我生活中不可分割的“绅士”吧。因为我之所以成为今天朋友们眼中的灿烂的一个女人是由于他们的阳光照耀。我和他们在不同时间段留下了幸福难以忘怀的足迹，婚姻是由人决定的法律契约，可是爱却是有限的生命在无限的宇宙中不可消失的自然存在的能量。契约让人活得安稳，但自然的能量才驱动着生命的车轮。

生活是七彩的。我的白马王子，王冰生，不仅给了我一个温馨的家庭和爱情的结晶（温文尔雅，内秀智慧的女儿），还给了我那具有天分的外孙和多才多艺，活泼可爱的外孙女儿，他们三人是我现在生活中的欢乐，喜悦，骄傲和动力。三人身上都有冰生的遗传基因。我为他们，不遗余力，献出了我的一切。

我的白马王子出生在美丽的山东青岛，那是中国芭蕾舞学校去寻找男学生的地方。他身高一米七七，双眼皮大眼睛，高高的鼻子，嘴唇不大不小，很有形状，（我女儿和她两个孩的嘴唇都取了他的优点）不胖不瘦，穿什么衣服都很有派，谈吐中透露着他知识的渊博和不偏不倚的观点。我俩预科（高中）一个班，大学一个学校，我从贵州调回北京后在一个单位工作。他聪明透顶，看什么都过目不忘。像我的婆婆一样，人心地非常善良，宁愿自己吃亏，也让别人过得去，无论走到哪儿，口碑极好。我俩 1972 年在京碰巧相遇开始谈恋爱，1974 年结婚一直到 1990 年我俩因种种原因分手，他不但对我一直忠贞不渝，呵护有加而且对我娘家的所有人和朋友都关心备至，从无怨言。他是我心中的一颗参天大树，一个堂堂正正的男子汉大丈夫！

我失去了他，十年之久的痛心遗憾挥之不去。痛苦和无奈把我推向了一个深渊。来世我还会选他做丈夫。因为他不但是一个顶天立地的男子汉，还是一个心疼妻子，无微不至照顾妻子的好丈夫和疼爱孩子，教子有方的好父亲。我也愿意做一棵大树，坚实挺拔长在世上，自由呼吸。长成一颗参天大树，让我爱的人和我的儿女子孙快乐地成长。让他们能在这棵大树身旁乘凉避雨，小恬休闲，永不分离。

插语：从 1990 年到现在，转眼已经是 32 年了！我和冰生在一起生活时的美好时光，做同学时的青梅竹马两小无猜，做朋友时的深情厚谊丝丝牵挂，做夫妻时的如胶似漆相敬如宾，分手后的内心煎熬痛苦万分等等，一切情景仍然历历在目。我的家人都为我俩的结局惋惜，担忧。这无法挽救的遗憾，伤心让我心碎，不安，长期困扰。我的密友周玉莲每次见到我都跟我说，“你们俩那么恩爱，怎么就会走到今天这地步呢？如果我有回天之力，我一定让你们俩再回到以前。。。”。是啊，这些年来，我可以想象冰生日日夜夜一个人扛着孤独，寂寞，不可名状的痛苦艰难地一步一步地走过来，是多么的不容易！他真是一个顶天立地的男子汉大丈夫！我怎么能不敬佩他呢？没有人比我更能体会到他受过的苦，走过的路有多么艰难。他的含辛茹苦，也是我的苦海无边。

去年 7 月 14 日是冰生 75 岁的生日。俗话说，人生七十古来稀。三十多年来，我俩在各种场合见过的几次面，都有旁人，就是我俩的礼节性打招呼也都是牵强附会咫尺天涯。所以我下意识地感到，我应该做点什么了，不管他的态度如何，我必须诚心诚意跟他沟通一下，说说我的心里话，此生无憾。所以我愿意揭开那块银幕，给亲朋好友拂去一点牵挂吧。也是为了拂去我心头上的乌云。我愿意送去压在我心底的问候，给那多年伤痛的心送去一丝温暖。从此不再有更多的遗憾。

我毅然写下了这封信。

冰生，

7 月 14 号是你的 75 岁生日。让我在这里祝你健康长寿。感谢你给了你我一个好女儿，我们有一对聪明可爱的外孙外孙女。他们拔类出萃，在他们的身上都闪烁着你善良，聪明，智慧，良好基因的根。他们也没有辜负我的艰辛和付出。终归在我们生命花园里开出了最美的花。

一直以来，压在我心底的话，不知怎么对你说。失去你，我几乎失去生命。人世间的事是不以人的意志为转移的。到如今我只真诚希望经历了支离破碎，艰难困苦的你健康，平安。

楠楠的成长，成功和她的那一对天使是我们的彩虹。我一生为他们在所不惜。我衷心希望我们能够友好相处，能融化楠楠心中的一块冰。

在你生日之际，把我心里的话说给你听，弥补一下多年来没有交流的遗憾。是错是对，千言万语，只想说珍重。

你是一个君子，一个成全我的恩人。

让我们好好健康的生活。我希望我们能够共享孩子们的美好生活。

送去永远的祝福。生日快乐。

他收到以后，很快就回音了，仍是英文，“Thanks a lot. Bygones are gone with the wind”. 这事我俩多年通信的语言。大概意思是，谢谢问候。过去的事就让它过去吧。

今年我又给他送去外孙外孙女钢琴演奏的录像，他喜出望外，高兴地看到我们的第三代是这么的优秀出色。相信孩子们的成功可以让我俩欣慰余生。多年来我带着伤感，默默地承受着责备，隐忍内心深处的痛苦，还要面带笑容去迎接未来的生活和现实的每一天。我好像在脱胎换骨，涅槃重生。

岁月的长河在静静流淌，人生的相识，相遇，相处，相爱的缘分不是我们凡人所能掌控的。但是爱是不会忘记的。

我生活中的这第二位绅士，全名叫 Eugen Olson，简称 Gene。他比我大十岁，按中国阴历属猪，天平星座。他文质彬彬，知识渊博，善解人意。从他那里我学到了很多知识。他的专业是绘画，他不仅经常带我去旧金山的博物馆看各种各样的展览。还是帮助我了解西方历史，文化，宗教，绘画，音乐，包括好莱坞老电影的启蒙老师。辗转十六年过去了，2006 年我带他回北京。李家人都叫他金先生。我觉得金这个名字太符合他了。他有一颗善良纯洁金子般的心。所以从此以后，我们都叫他金或金先生。

金是一米八的高个子，蓝色的眼睛总是充满了善意和友好，从来不会把别人想坏，即使别人欺负他明显地占他的便宜，他也不会多说一个字，好像他就不会生气。他爸爸是全血统挪威人，妈妈是全血统爱尔兰人。可以看出他主要继承了北欧人那善良诚恳与世无争的性格。无论遇到什么事情，他总是向前看。他说向前看总会给人带来希望和光明。金的爱散发出的是一股能量。跟他结婚十六年，我从来没有听说他说过任何一个人的坏话，也从来没有挑剔嫉妒过任何人。我从他身上学到了很多优秀的品质。他对我的爱，有时像仁慈的父亲，有时像手足之情的兄长。

金的善良和无条件父亲般的爱和付出，宽宏大量，细致入微感天动地。他待楠楠视如己出，又是慈父，又是知心朋友，十几年来帮我把女儿培养成出色的伯克利大学工程师系的优秀毕业生。在我生命的边缘和苦痛中，陪伴我，使我起死回生。爱情是灵魂的力量，爱情是精神的光茫，是善良的表现和举动。我对他感激终生。永不忘怀。

与他分开多年后，我的女友还总跟我提起她和金的一次对话。她说，“有一次我到你家聚会，我亲眼看到他把给你洗好的衣服都熨好了，放进抽屉里。我说你真是一个好丈夫，金说，I’ m very happy to do something for her as long as she let me love her ’（我很高兴为她做点事，只要她让我爱她）”。我的女友跟我说，她听了好感动。为我有这样一位爱我的丈夫而高兴。

在不断修改我的自传时我收到了金最近完成的一本厚厚的书，书名是《金欧森奇妙的生活和他的家庭》。真是无巧不成书。他原来也在总结他自己的一生，用了很多精彩的照片，人生的纪念。我俩真是不谋而合。都在用心，用灵总结自己的一生。回忆在一起的美好生活。

在书中他采用了很多照片向读者介绍他从小到大的生活和家庭背景。金毕业于奥勒冈州波特兰州立大学，本科和研究生专业都是绘画和美术教育。他曾是美国加州康克市文体部的主任。他的一生组织了数不清的各种各样的大小型文艺演出和体育活动，也结识了很多名人。

人生的路都是伴随着幸福快乐，也不能避免悲伤和痛苦。但是善良的人更是天高地广，为众人献出自己最美好的爱。

金做的楠楠专页可以明显地看出楠楠也是他心中的一朵花。在帮我培养楠楠成长的过程中他立了不可磨灭的功劳。现在，楠楠，包括她的两个儿女经常与金联系。我们在一起生活的照片，一块去过的地方，他都注明了地点。还给我单独做了专页。没有一张照片我俩的脸上是没有笑容的。

书的最后一页，金用粗笔在照片上写道，

“Lydia，Thank you for a great life.

Gene Olson 2022”。

（译文“Lydia，谢谢你给了我一个美好的生活。

金 欧森 2022”）

是啊，善良人的心只记录美好。越写越觉得我真是太幸运了。我离开了的丈夫从没怨恨过我，而是还为我的新生活祝福。我的幸福就是他的幸福。他是多么的无私！多么的高大！他的无比善良和祝福又一次证实了善良才是人间最好的风水。他的善良是我们今天友好往来的一道彩虹。怎么能不让人感天动地。

此生遇到这么一个伟大的人。真是三生有幸。

在爱情的面前我是一个不及格的小学生，不过人生也都是一个学习的过程。跟金的相处，让我深深感到他是我的导师，他教给了我善良，博爱。由于他多年来的奉献，任劳任怨，他种下了人生花园里最美的花。虽然说我们不能陪伴终生，但他的高度，一向以美好，善良待人处事的境界，铸就了今天我们不可多得的友谊，彩虹下最美好的爱和最高境界。

第十一章

生活的转折

总的说来我是个幸运儿。大部分从大陆来的自费留学生或移民都要先从给人打工开始，而且大部分是体力劳动或在饭馆服务。而我来美之前就已经有了一个办公室主任的工作等着我了。我的大学同学还帮着我找到了一家吃住都不要钱，但没有工资的美国家庭。我的任务就是周末是看两个男孩儿，一个九岁，一个五岁。他们夫妇俩好可以出去和朋友聚会，看电影等。很快我曾在北京帮助过的一个美国律师知道我来到了旧金山，就打电话请我帮他公司做些翻译工作。这样我的收入比较可观，而且还没有什么花销。

听说有 5000 美元存款就可以请家人来美国，当我跟旧金山州立大学国际学生处的处长谈到我想请我在中国的先生和女儿来美国一游之事时，他二话没说，马上给我打印了一份邀请信。我多么想让他们也亲眼看一看美国，等了一个多月的回答让我十分失望。外交人员服务局的领导说可以批准我再延长一年学习，但是先生拿不到护照，也就是说不准许他来美国看我！实际上他们把他作为“人质”了，怕的是我们一家三口来美国以后就不回去了。本来恩爱的夫妻，和睦的一家三口，好像突然遭了一场瓢泼大雨，浑身湿透。冰生看到女儿日夜想念妈妈，割舍了自己的感情，把女儿送到机场，交给空中小姐（他们倒是让女儿来美国了）。十岁多的女儿在中国航空小姐的照看下勇敢地登上了飞机，只身一人从北京飞到了旧金山机场。一年多没有见到女儿了，看到她走出来，我真是悲喜交加，一下子就把她抱在了怀里。无论今后发生什么，我再也不会离开女儿了！我的心肝儿宝贝女儿王晓楠，为她我可以牺牲一切。

为了女儿来美，我买了一辆新车，每天把她送到学校后再去上班，然后接她回来。母子分别一年半的思念总算结束了。半夜里看着可爱的女儿甜甜的睡在我身边，我不由得把她抱在怀里。亲不够她的小脸，摸不够她胖呼呼的小脚丫。我期待着有朝一日冰生也能来与我们团聚。

但事与愿违，接二连三发生的事情让我措手不及，如晴天霹雳。首先是我带楠楠去迪斯尼乐园玩回的路上，新买的汽车被人撞坏了，庆幸的是我俩没有大伤害，二是我在旧金山工作的咨询公司已决定搬去上海。

我慢慢地体会到，有些人的好心好为在这生这世不一定能得到回报，但是我坚信他们伟大无私的爱是辉煌的，在来生来世一定会得到应得的报偿。更美好的结局和爱在等待。我的前两个丈夫都是极有修养，对我的爱使我终生难忘。我不但感到自己很幸福，能与他们分别共享 16 年的幸福生活，而且一直对他们敬重，感激和念念不忘。爱是很难用语言说清楚的一种复杂的感情，是灵与肉的结合。他们完美了我的灵魂。到目前为止，我与他们保持着尊重对方和友好的联系。这是许多人想象不到也不可理解的情况。我跟他俩分别用不同的方式表达过对他们的情感和感激之情，对亲朋好友我也是这么说的。有人曾直言地问我，你再对他们有多高的评价现在有什么用呢？事实上你是“背弃”了他们。我不想再为自己开脱，爱是微妙的，是多方位的，在某种程度上我是个以我为中心的自私的满族女人。不过在许多情况下，在不同国度的政治和文化的冲击下，我也是身不由己，我觉得是灵的安排，是命运的安排。

虽然我刚来美国那几年好像如鱼得水，工作生活都比较顺利，玩得也很开心。可是让我伤心的事是思念国内的亲人！那种说不出道不出，也无法向任何人表达的咬你灵魂的滋味真是太难受了。周一到周五我白天分别在两个公司上班，晚上从 7 点到 10 点在学校上课，忙的没一分钟想家。可是到了周末，就好像失了魂一样。不知女儿楠楠和她爸爸是否回西直门奶奶家了，还是在三里屯的家里做什么呢。那时家里没有电话，没有电子邮件，一封信需要十几天。我想他们经常想的泪流满面，可又能跟谁倾诉呢，只好偷偷地咽到自己的肚子里。所以在这里，我要劝说想让孩子出国的父母们，和要走出国门的人们，三思而后行吧。“在家千般好，出门万事难”哪。

尤其那悠悠思乡，思念亲人的味道不受其苦也罢。

我来美国的身份是IAP-66，自费的访问学者，根据美国的移民法规定，访问学者必须回国两年后才能再进入美国。我深知，一旦我回去后再出国门，难也。

我们再回到我和女儿从迪斯尼乐园回来的路上出了车祸的事情，金从电话中得知我出了车祸，非常牵挂。他从月牙城给我的好朋友瑞娜打来电话，托她帮助我处理车祸的保险问题。说来也巧，金给瑞娜打电话时，我正坐在瑞娜的办公室，还没来得及跟瑞娜谈及我出车祸的事。只见瑞娜手拿着电话，瞪大了眼睛看着我，她看到我和女儿都安好，也就放心多了。

金开车下来把我和女儿接到了加州北部他工作的海边小城市，月牙城。原始红木森林傍着美丽的太平洋大海。我很感激他在关键为难时刻给我和楠楠的帮助。

后来中国发生了天安门六四事件。我在美国电视中看到的是流着鲜血的学生被三轮车拉着去抢救，冰生在中国电视上看到的是学生如何妨碍交通和正常的市民生活，战士被打，车被烧。楠楠在电话上问了她爸爸一句，“天安门的学生怎么样了”，我就遭到了冰生气愤地质问，“你是怎么教导楠楠的”？误会和传言加深了我和冰生之间的隔阂距离，把我推进了一个无可奈何的深渊。当我写信给他，告诉他，我不想让我的女儿在那样的制度下长大，我要让楠楠享受这里的自由时，他写信给我说，“你可以留在那里享受你的自由，把我的女儿还给我”！还说，“爷爷奶奶想楠楠都生病了，对其后果你要负全面责任”！后来还用大号字体给我发来了“勒令”：要求离婚！我看着我们本来美满幸福的家庭就要破裂，想着疼爱我的公公婆婆和跟我关系密切的楠楠的大姑，二姑和小姑，还有我们李家对冰生的喜欢与爱戴，我跟楠楠商量，“要不然我们回北京去吧”？我万没想到的是，楠楠哭着跟我说，“我不回去！我要回去功课都跟不上了，小兰（她大姑的二女儿）会比我强了，她会笑话我的”。那期间真是为难死我了。我每天煎熬在天真无邪的女儿和无奈的我之间，走还是不走，回国还是留在美国，举棋不定，犹豫不决，也没有任何一个人可以倾诉，商量一下。我每天徘徊在月牙城太平洋的大海边，遥望着彼岸六千英里外的祖国大地，不知如何是好。眼中的泪，心中的苦，无人可诉，无处可说。

后来在美国与大姑见面时说，她告诉我说，我的婆婆发现我和冰生有隔阂时，曾给我写了一封信，教导我说人到中年会发生一些矛盾，应该体谅冰生，早日带孩子回国。大姑说，如果你看到了这封信，你可能会改变决定的。可是婆婆让冰生发给我的这封信，他一直没发。

本来我是不想写出这些让人痛苦的细节的，可是为什么我和冰生本来是人人羡慕的一对恩爱夫妻就没有走下去呢？难道真像人们所下的结论是我有了外遇，把他抛弃了吗？

我曾写信告诉冰生，我出了车祸又丢了工作暂时留在朋友家休息根本不想跟他离婚，我是爱他的。他的回信是，“你也配谈爱！”这不但大大伤了我的心，还让我怀疑他在北京有了外遇，已经不爱我了。

我当然理解他的恼怒。后来我听说我在美国的“中国朋友”回京向我工作的外交人员服务局局长报告了我在美国交了男朋友。局长找了冰生谈了话。本来冰生在服务局威望极高，人缘也好，业务水平之高无人不知无人不晓。现在太太去了美国不回来，找了外国男朋友，背叛了祖国，背叛了丈夫。他脸面丢尽。美国签证处的一位官员听说我不回中国了，气愤地说不给任何要求出国的服务局人签证了。原来冰生夏天每天晚上都要到我们在使馆区外交人员住宅楼下和大家玩扑克牌或下象棋（两样他都是高手），由于我的原因，他就憋在屋里不出去了。我后来听说了这个情况以后，真是恨死我自己了。

我曾委托红楼梦专家高鹏老师（北京第一所私立大学培黎大学校长王鼐先生的太太。80 年代我曾在培黎大学教过英语。他们夫妇俩先后来美国加州替女儿带孩子，我们成了知心朋友）回北京与冰生商谈我回中国的事情，看他是什么态度。高老师带回的话是，冰生说，“她是从笼中飞出去的鸟，让鸟儿再飞回笼子里，她会快乐吗？如果她为我回来，今后不快乐，我不想担负这个责任。再说破镜重圆，必有裂痕。让她别回来了”。读者们你们听听，我能不泪流满面吗？我给他带来了那么多的痛苦，他还在为我着想。高老师劝我说，”我看你也不用再犹豫了，人的一生不是只能爱一个人的，为了孩子你就把冰生舍弃了吧”。

我切身的遭遇，让我后来成了一个能耐心听别人倾诉内心犹豫，矛盾，痛苦的，让人感到亲切的“李大姐”。因为我深知当一个人旋进生活的难题圈里边，尤其是情感痛苦煎熬的时候，是多么需要一个听众。所以不论我住在哪里，都有向我倾诉内心世界的朋友。即使我只是听众，也会让她们感到舒服一点。这一切让我感到我的生活有了更新的价值。

金真是个金子，他默默地陪伴和无私的帮助，在我最无助最痛苦的时候为我撑起了一把遮风挡雨的伞。不求任何回报，没有任何期待，只对我无比的理解。给了我一个安全的港湾。当我告诉他冰生和我闹矛盾的时候，他还说，“你们中国人处理事情和我们美国人真是不一样，按说，你们俩恩恩爱爱，分开了应该诉说对对方的思念，不应该相互埋怨”。他还真诚地跟我说，你自己做决定吧。你要带楠楠回去，我会想念你们，但我绝对尊重你的选择；如果你决定留在美国，我会帮你把楠楠培养成人。我处在两个人之间，一方恼怒，冷冷冰冰，一方温柔陪伴，没有任何要求和期盼。你要是我，你该怎么办？

思来想去，又跟国内外的朋友们反复商量，我决定留下来。妹妹代表我在北京与冰生办理了离婚手续。双方的痛苦和煎熬，持续了许多年，甚至把我俩分别送到过鬼门关，冰生郁闷，抵抗力下降，住进了北京医院，高烧不退，医生都下了病危通知书。我也因郁闷得了癌症。幸运的是阎王爷没收留我们，又把我们送回到了亲友们的身边。可能上苍也心疼可怜了我俩。

爱情，不管是在哪个国度，什么文化背景，什么样的世界观，不管是富人还是穷人，她就像太阳，那份温暖是每个人都向往的。但另一方面，爱情又像一把利剑，她能把你戳穿！

爱情，又是多么迷人动听的一个词汇，一种心境，一种感情，一件说不清，道不明的事，令千万人为之欣喜，激动，为之流泪，流血，为之彻夜不眠，为之刻骨铭心，为之牺牲一切。为之痛很一切男人，为之痛很一切女人。

每人的经历不同，国度不同，文化背景不同，思维方法不同，就会有不同的结论。一般来说，中国人对爱情的理解就是相爱，相守，忠诚，感情一成不变，再上一层楼就是为对方牺牲一切。而西方世界，比如说美国，爱情就是欣赏你的外表，人品，和自己内心的感受。它可以长久不变，也可以“日新月异”（有些夸张）。可以因为一件事爱上你，也可以因为一件事不爱你了。很少人认为爱情是永恒的，一旦有了变化，“事出有因”，大部分人的态度是“那我也不勉强，随你而去吧”，我再找新爱。再上一层楼就是“只要你高兴，我可以成全你”。

我觉得爱情是灵与肉的结合，是世上最美好的一种情感，你可以从中吸取无限的能量，同时也会夹杂着痛苦，在某种意义上来说也是理解，心疼，妥协，奉献和牺牲自己。她可以让你流泪，流血。遁入佛门，远离尘世，也可能是一个逃避的方式。

第十二章

加州北部月牙城的生活

我当时的身份是IAP-66访问学者，因为老布什总统在天安门六四事件发生后，下了一道总统特赦令。就是1989年6月4号以前来美国的中国留学生可以不受必须回国两年才能再进入美国的规定，而且可以申请长期居住的绿卡。我和冰生的关系已到了零点，如果我和金办了结婚手续，那我就是双保险了。于是我和金办了结婚手续。确保了我和楠楠在美的身份。

月牙城只有三千多人口，八个中国人。几乎是谁都认识谁。楠楠的适应能力非常强。很快就可以说不带口音的英语了。我去给她开家长会，老师说，“你的女儿是一个非常不寻常的女孩，虽然说她的英文表达能力开始有点吃力，可是她对老师和同学的话领会的很快，即使不完全懂，也总是微笑。大家都很喜欢她这个中国娃娃。她的数学出奇的好，她可以教全班同学数学”。

一年以后，她从小学升到初中，第一个学期下来，她各门功课已名列前茅。初三毕业时，她和另一位美国同学并列全校第一。楠茜王已成了一个人人知晓，人人喜爱的中国娃娃。

我和女儿还交了很多美国朋友。我们参加当地的音乐剧，话剧表演，每周一的四重唱合唱队，每周二的国际圆圈舞练习，每周三，五的芭蕾舞练习，我每周一，三，五的早晨还参加了奥勒岗州布鲁汀市老人网球俱乐部。每逢春节我都邀请当地的几位中国朋友和要好的美国朋友来家享受中国的饺子，楠楠用钢琴给我伴奏，我给他们唱中国歌曲。金就穿上我给他买的中国外衣，扮装成服务生，欢迎客人，给大家倒酒。我和楠楠创造出来的中国过年气氛，化解了我们的一些思乡愁绪。我们周围没有中国商店，连中国日历都没有，不知哪天是中秋（那时电话，电脑，网站都不方便或根本没有）打听到了春节的日期后，我就请美国朋友来家，给他们做中国饭，介绍中国文化。当地的一个小学的校长，还请我到他们的班上，让美国小学生们给我磕头，拜年。好有意思。

那时（8，90 年代）绝大多数美国人对中国并不了解，许多人心中觉得中国不但在距离上离美国很远很远，文化上，生活上也莫不可测，人很穷，政府很专政，可是他们又对中国很好奇，很想知道那远方的一个大国到底是什么样，人们的生活怎么样。

当地的一个非盈利组织要在当地的中小学开文化艺术课。那位主任问我是否能在中小学校开辟中国文化课。我佩服她的思维，也很支持她的建议，心想这正是一个好机会向美国的孩子们和他们的家长介绍远方的那个神秘的东方大国。经过跟她商讨，我开了几门课：“说中国话”，“写中国字”，“太极基本功”，“太极剑”等。每学期县学区都有二十几个班的班主任老师选我的课。最小的是一年级的小学生，最大的是初中三年级的十几岁的学生。

开课的第一天我都把中国地图挂在教室的黑板上，先向他们介绍中国的地理位置，人口和我的出生地，伟大辉煌的首都，北京。我从中国带到美国的一本北京画册刊登了北京的皇家园林，故宫，颐和园，北海，天坛，地坛，中山公园，天安门广场，香山，碧云寺，长城等。老师和学生们都爱不释手。他们做梦也没想到，除了美国和欧洲那些著名的国家以外，中国原来是那么美丽神奇的地方。让我感到欣慰和鼓舞的是我所到的班级，老师和学生们不但好奇，而且充满了喜悦和渴望。认认真真地写字，快快乐乐地学习动作。

后来我还在初中开办了用中国毛笔写中国字的课。从横竖撇捺开始到描红模子，用中文写自己的名字。我把每个人的英文名字翻译成中文，还给他们解释每个翻译过来的中文意思。每年的 7 月 4 日是美国独立节纪念日。当地除了有大型的游行之外，文化中心都会组织艺术品和绘画展览。艺术家们租一个展台显示销售自己的作品。金也总是租一个展台展示他画的各种各样的船的作品。有几年，金建议我在他展台的旁边加个桌子，摆上中国毛笔和墨汁，用他给我做的纸板给客人用中文写他们的名字。每张我收 5 美元，有时还排起了长队。他们看到自己的名字可以按发音写成有

在月牙城学校里教美国孩子们有关中国文化课

墙上的中国书法是我二姐夫的弟弟叶盛宝在我离京赴美前送给我的。我俩相差一岁，他的乒乓球和京剧老生都近似专业水平。遗憾的是我俩在京时，离多聚少，不能如愿多多切磋。

幸运的是我 2017 年秋天回京时他让我过足了打乒乓球和唱京剧的瘾。现在远隔 6000 英里，身处大洋彼岸又加上疫情，见面难也。

意思的中国字时，又惊奇又开心。在加州最北部的一个沿海小城，月牙城（CrescentCity），在那充满西方绘画与各种艺术品的文化中心的大厅里，我的小桌和墨笔字独有特色，像一股异国他乡的风吹进了美国人的心扉。

再后来，月牙城文体办公室的负责人请我在他们的体育馆开一个太极课。没想到报名的人很踊跃。当地的许多庆祝表演场合，我都被邀请去表演。如当地高中毕业典礼，妇女俱乐部，县交易会，老年中心以及当地不同时间，不同地方的文艺活动。我表演过 24 式太极拳，32 式太极剑，木兰单扇，木兰双扇，中国民间舞蹈，中国民歌等等。在那红木森林葱葱的太平洋的旁边，一个鲜为人知的小城市，没有一点中国文化的地方，当“春江花月夜”和“梁祝”的优美音乐在大喇叭里播放的时候，吸引了当地的居民和四面八方来度假的人的好奇和关注。我穿上了中国传统的服装，一个人大大方方地为他们表演，作为一个中国人，我感到十分欣慰，骄傲和自豪，能在太平洋彼岸的一个沿海小城市和当地美国人分享我的知识，传播中国文化。让他们对中国刮目相看。

当我教成年人中文和太极拳的时候，我发现，我的学生是那么喜欢东方的文化，不但学习投入而且对我充满了尊敬。我和他们建立了很和谐的师生关系，有些还成了朋友。一个学生兼朋友，是一个中国迷，曾去过中国多次，是个中国通。她问我，“你在中国有那么些个亲朋好友，中国有那么多好吃的，你不是生长在美国的成年人，却选择留在了这里，你想不想他们？心中孤单不孤单”？我说，“我想念我的亲朋好友和各种中国餐饮，但是我心里，脑中，充满了中国的文化，知识和历史。心中很充实，我觉得精神上很富有”。她笑笑地点了点头。每次中国发生了什么事，她都喜欢和我探讨。谁说中国的不好，她都要跟人家辩论，甚至争吵。

虽然我选择留在了美国，可是中国文化的种子深深地埋在了我的血液里。那是我的精神食粮，那是我的根，那是让我永远不忘我是一个中国人并为之骄傲自豪的我。我想全世界的华人都是如此，每当听到中国歌曲，看到中国舞蹈，京剧，杂技，无论何时何地，都和祖国一样亲。

长话短说，女儿楠楠在美三年，我发现她说中文连语法都不对了。我和楠楠都有了绿卡，1992 年我们回到了北京。冰生和我决定让楠楠在北京 55 中重上初中三年级。虽然她经历了艰难的考验，但这个决定让在她后来的生活和工作中受益匪浅。现在她一直坚持让他的两个孩子下课后学习中文。每当我听到他俩说着地道的英文和中文时，我心中充满了喜悦。

他们很幸运，有一对对他俩关心倍爱的父母。钢琴，声乐，绘画，足球，篮球，网球，高尔夫球，击剑，游泳，滑雪，划船，中文，日文等等课程都上过，比赛过，表演过。我为他们骄傲。

话说楠楠从北京回美国以后，在加州月牙城上了高中。除了北京的父爱楠楠在美国也从金那里得到了很多父爱。

楠楠除了成为全校的全优学生以外，她还参加了高中的演讲和辩论队。在历次的校内外演讲，辩论会上得到的奖杯摆满了钢琴的上方。她第一次参加演讲的题目是“中国的长城”。第一轮被选中后，她得去旧金山州立大学参加州的讲演比赛。我也开车单程350英里下去了。经过几轮的比赛，最后一轮六名学生的名单贴到了走廊的墙上。我母女俩都看到了Nancy Wang的名字，楠楠高兴的合不上嘴，我也十分兴奋，不知为什么我跑回我的汽车里，还没坐下就大哭了起来。自来美国以后，风风雨雨，起早贪黑，每分每秒好像都在奋斗，为楠楠能在美国读书，我背着背叛祖国，背叛丈夫的罪名，我失去了亲爱的丈夫，失去了在北京让人羡慕的工作，失去了我那温暖幸福的家庭。一霎那，楠楠的成功让我的心在沸腾，失去的一切让我的心在疼。我所牺牲的一切都没有白费。楠楠已经跨入了成功的轨道。我心中那种错综复杂的感情，难以言表，没有切身体会的人，不会理解我的大哭也是一种发泄。至今我也没有告诉过我的女儿当年我跑回车里大哭和为什么大哭的事情。希望有朝一日，她读到我这份自传时，能理解妈妈的痛苦，委屈，苦闷，兴奋的原因。

楠楠成了辩论队的主力，被选到伯克利大学和斯坦福大学暑期演讲辩论训练班。她当时还是校网球队的主力，业余芭蕾舞学校里唯一的中国女孩。每当楠楠在台上表演的时候，我和金都早早地到场，好找一个好位置给她录象。有一次我无意中发现，金看楠楠在台上表演时，热泪盈眶。回家后我问他为什么落泪，他激动地说，楠楠跳的太美了。那些美国女孩没有一个象她那么文静高雅。我骄傲地说那是她骨子里带来的。我还给楠楠找到了钢琴老师和中提琴教授教她。楠楠的生活充满了三维世界之外的正能量，尽管忙碌，可是喜悦和不断提升的高质量的文化熏陶像阳光雨露沐浴着她健康茁壮地成长。

在这期间，金竭尽全力帮助我培养楠楠各方面的才能。每天早上都是金送她上学，许多事情她都会跟金交流，可能我正在更年期，脾气不稳定，也控制不住哪来的无名火。如果我想知道楠楠的事情，比如说，讲演比赛的详情，得了几等奖，她在网球队参加的比赛详情如何，我都得从金那里听说。千谢万谢金能得到女儿的信任，让她有个家人可以吐露，交流。

高中毕业时她报考的大学有三个录取了她，她都没表态，最后等来了伯克利大学化学系的录取通知书才高兴地接受了。全校都沸腾了。她是多年来唯一被伯克利从偏僻的月牙城录取的学生。

在高中毕业典礼上，楠楠得到了十几个不同组织的奖励，奖金高达5万多美金。那一天是她来美后最高兴的一天。

楠楠从加州伯克利大学工程师系毕业。金，楠楠和我。

第十三章

我的奋斗

下边谈谈我的奋斗吧。

从旧金山搬到月牙城后，我在当地一家航空绘地图公司学会了用电脑计算木材公司伐木的产量和绘制地图。工作两班倒，又费眼睛，也不顺心，于是我就决定回翰伯特大学读一个英文硕士学位。有了硕士学位，工作比较好找，并且有资格在州立大学当老师了。在美国如果没有一定的学位，除非家里有公司，否则只能做蓝领的工作。我决定去单程 78 英里路的翰伯特大学攻读英文硕士学位，每周三天早晨六点离开家，晚上 11 点回到家里。因为英文主课几乎都安排在晚上，以便利白天上班的学生。反正得去一天，白天我就注册了各种副课。最让我开心的是你交了一定的学费后，可以任选课程。什么网球课，声乐课，钢琴课，舞蹈课，音乐欣赏课等，我都是在那里学的。本来对文艺体育就着迷的我，好像天赐良机，让我享尽了精神上的荣华富贵，同时也进入了一般人不容易接触的文体艺术领域，早早地进入了四维，五维及高维世界。那高维世界的能量让我精力充沛，干劲儿十足，和我的年龄成反比。在我老年时期得益匪浅。

78 英里的路程要开一个半小时，路的一边是山上的原始红木森林，一边是悬崖下边的太平洋大海。我学车是在高低不平的旧金山市区，练车就是在这弯弯曲曲的 1 号公路上。美国的 1 号公路从北到南修的很棒，路标也很清楚，转弯和急转弯都标明车速。有时公路要穿过原始森林，有时要从山上冲向海边的公路，那景色简直是太美了。我就拿每次往返学校当成一次旅游，我知道许多人攒钱，攒假来这里旅游，有朝一日我会离开这里的美景。目前享受够了，到那时也不会遗憾的。为了安全起见，金建议我买一辆二手的林肯大轿车，开起来非常舒服，安全。我那时听的都是金给我推荐的西洋古典音乐，美国著名的歌星，芭芭拉史翠珊（Barbara Streisand），贝蒂 米德勒（Bette Milder），尼尔 戴蒙德（Neil Diamond），莎拉 布莱曼（Sarah Brightman），加拿大歌星锡兰 迪翁（Ceylon

Deon）等等。所以每次一起动马达，我的视听大餐就开始了。写到这里我再次感谢我的第二任丈夫，Mr. Gene Olson（金先生）不但给我打开了西方世界绘画世界的大门，还给我带进了西方音乐的宫殿。这一些都让我受益匪浅，是我一辈子的精神食粮。

我开始在翰伯特大学英文系报考硕士学位时，负责硕士申请工作的特诺教授开始时怀疑我的英文水平，建议我先学两门本科的英文课，我登记了他亲自教的莎士比亚课。一学期下来，几个教我的英文教授都异口同声地说，我们英文系从来没招过母语是中文的学生。Lydia 的理解和表达能力出乎我们的预料。她是个杰出的学生。我经常与他辩论的波如父英文教授，后来给我写报考博士生的推荐信中，他称我是他执教三十多年来最好的学生，对我与他辩论的事根本不放在心上，真感人啊。我还选了声乐课。音乐系斯坦诺教授与我合作，把中文歌曲译成了英文五线谱。我还在班上演唱了“大海啊故乡”这首中国家喻户晓的歌。

我在翰伯特大学英文系学习了五个学期，得到了英文硕士学位，主修是两项：教英文写作和英美文学。这对我后来被美国四所大学聘任奠定了坚实的基础。在校期间我还得到了三种奖学金并考上了印第安纳大学比较文学博士学位候选人。同时我还得到了一笔实习生资金，暑期到印第安纳大学先学习两个月，然后九月开学时再正式上博士生候选人的课。

1996 年的夏天，我到了印第安纳大学。那是一所有名的综合性大学，在美国中部。他们的体育系，尤其是篮球，全球有名。音乐系也吸引了全世界想学音乐的学生。奥林匹克规模的游泳池成了我每天必到的场所。每天大小音乐厅不收费的学生排演也是我经常光顾的地方。小提琴，钢琴，竖琴是我最爱听的乐器。我的博士学习导师是从香港来美国的一位教授，和我见了一次面，然后他就到到香港大学带工资休假（sabbatical）去了。英文系的一位教英美文学的美国教授负责指导我暑假的学习。我读了几位英国文豪的著作，然后跟他讨论。我还在校外交了几个中国朋友。跟她们交往，在一起游泳，打球，吃饭，聚会，这一切帮我解除了我的孤独感。自从 1987 年来美国后，我一直住在加州沿海城市，没有过过炎热的夏天，印第安纳夏天每天中午达到摄氏 34 度！我还参加了网球训练，每周两次。我的体重一下子就掉到 132 磅。

好容易盼到了秋天，那一片片红色的枫叶林真像是神话世界。我现在要读比较文学的博士学位，题目是比较我最爱的中国古典著作“红楼梦”与同时期英国文学的相同与不同之点，心情又激动又兴奋。我注册了几门必读课，也申请了学习博士的奖学金和本科学生助教老师的位置。可是两三个星期以后，学校通知我美籍中国学生在那里不被考虑是少数民族，没有奖学金，只批给我一万八千美金的学生贷款。另外在中文系做助教的事情也泡汤了，因为我不是学校中文系的博士学生，我属于英文系，他们得照顾中文系的学博士学位的学生。

我自来美国后连信用卡都是每月一次性付清，现在让我贷款一万八千美元，心理压力很大。更重要的一个原因是，我的博士导师是那位生于香港，现在休假一年的教授，听说他的中文都是在本校（印第安纳大学）学的。他能辅导我关于红楼梦的研究吗？我跟他唯一的一次见面，他曾建议我把博士研究课题“红楼梦”改成中国现代小说。那是 1996 年，我对当代小说根本不感兴趣。另外我们一家三口人，金一个人在加州最北部的月牙城，楠楠一个人刚进伯克利大学，我背着债一个人在印第安纳州。如果他们需要我，我都不知道是否能马上离开，思来想去，我决定退学。我已经 51 岁了，学不学博士已经不重要了。集中培养女儿，做她的坚强后盾吧。

我很不好意思地把我退学的事告诉了翰伯特大学的特纳教授。他是破格接受我这个中国学生进入英文系研究生班的导师，也是陪我参观了伯克利大学，斯坦福大学，圣地亚哥大学，包括印第安纳大学的陪同教授（我 1996 年从研究生班毕业时，获得了一笔博士前奖金，但是必须由一位导师陪同参观四所大学）。三位翰伯特大学教过我的英文教授都给我写了很有说服力的推荐信（报考博士生需要三封教授推荐信），我觉得我辜负了他们。特纳教授非常遗憾。他说，其实你再坚持一年，第二年就会好多了。当年我的美国梦就是想亲眼看一看这个美丽的国家，并让丈夫和女儿也亲身体验体验这个国度的一切。并没有一定要学硕士，博士的计划。从印第安纳回到了加州月牙城，我又像鱼儿游回到了水里。后来我发现我做事，做决定都是不太懂脑筋，不多想想利与弊，总是随心所欲，一意孤行，我行我素。

转眼到了2000年5月份，楠楠从伯克利大学本科毕业了。我也在当地的红木学院教了两年英文语法基础和写作课。金也准备年底退休。我在东岸的朋友茹燕和她先生做了计划，夫妇俩要来月牙城旅游，然后到旧金山湾区参加完楠楠的毕业典礼后玩两天就回东岸。楠楠毕业前一两个月，就已经有五家公司要招聘她了，她说我是不会离开湾区的。于是她选中了旧金山的一家公司。准备毕业后就去上班。

我们五个人高高兴兴地驾车来到旧金山南部著名的旅游胜地蒙特瑞(Monterey). 想当年，这里曾是我和金约会的第一个城市。记得那是当地的Indian Summer。因为蒙特瑞的特殊地理位置，海湾很深，海底有一个大峡谷，所以没有炎热的夏天和寒冷的冬天。5，6，7，8四个月经常是雾气蒙蒙，比秋天还冷，早晨只有11，12摄氏度。内陆越是30多度，这里越是低温。可是到了9，10月，天气变暖，阳光明媚，白天经常达到摄氏25度。当地的秋天被称为“Indian Summer”（印第安之夏）。那是十月十二日（哥伦布日），金带我来蒙特瑞观光。我一看到阳光明媚，天气又很热，碧蓝的大海，蓝色的白云，心旷神怡，换上了游泳衣就奔进了我根本不知道不管外边多少度，海水总是华氏55度（相当于摄氏12，3度）的冰冷的大海。还没游几分钟，我全身就像冰棍一样，倒吸凉气。我在后海，颐和园，外贸学院旁的运河，贵州的清水河，北戴河，青岛，大连，夏威夷，墨西哥都游过泳，从来没有像那次那样可怕，海水把我冰到骨头里边去了。坚持了十多分钟，我游回了海滩，只见几个孩子在水边游玩，没有一个大人在水里。金用相机留下了我那次大胆的尝试的镜头。我们后来搬到Monterey来住了，他还经常跟我开玩笑说，我还想看你跑进海湾游泳呢。

送走了茹燕和她的先生，我忽然产生了一个想法：既然金年底退休，楠楠又在旧金山找到了工作，我有硕士学位，有资格申请教大学，为什么不在这美丽的蒙特瑞找一个教书的工作呢？

第十四章

在蒙特瑞开创新的生活

我把我的想法跟金说了以后，他很支持我的想法。于是我们又续订了两个晚上的旅馆。我就从当地的旅游中心开始询问当地有几个大学，都在什么地方。他们告诉我有两个可以考虑。一个是蒙特瑞州立大学，一个是蒙特瑞半岛社区大学。金很惊讶地跟我说，你谁也不认识，从哪开始呀？我说就到两个大学的人事处去问问吧。到了社区大学人事处一问，他们正好在招英文老师“小时工”，也就是说一周工作不超过 20 个小时，没有任何福利，没有医疗保险，没有退休费。我领取了申请表。州立大学还没有英文教师的空位，不过他们建议我把履历表准备好以后寄给他们。

我怀着一丝希望跟金开回了月牙城。寄上申请表过了一个月左右，社区大学人事处通知我被选中去学校面试和考试。于是我从月牙城开了 350 英里，先住在女儿公寓里一夜，第二天又开了 120 英里，到蒙特瑞社区大学的英文中心参加面试和考试。那里已有三位考官在等我，一位是英文中心的主任，看起来她很热情，问了我几个问题；一位是年长的英文老师，他问的问题不多；第三位是一个年轻的计算机专家，他主要问我会使用什么计算机软件，会不会用网站。主任告诉我他们三人组成的招聘小组等看完我的英文考试后再从申请的几个人选中决定一位。我用了不到一个小时的时间做完了三页考卷，大部分是英语语法题。我在外贸学院预科学英文时，我最强的一项就是英文语法，所以很自信地交了卷。主任说两周之内我就会听到通知。果不其然，我很快就收到了蒙特瑞半岛社区大学的招聘信。通知我 2000 年 8 月 21 日星期一开学。开学前的星期五，8 月 18 日中午一点到五点到英文中心参加秋季开学前的业务会议并与同事们见面。

金和我都十分喜悦—终于有希望回到旧金山湾区啦！虽然工资不高，但是我说我可以暂时在一个人家租一间房子，我自己做饭，消费不多，等金年底退休后我们再租公寓。于是我就在蒙特瑞当地的报纸上登了一个一位女老师需要租一个房间的广告。几天之内就收到了三个电话。我和金决定开车下来，见见房主再决定。我俩选中了卵石海滩（Pebble Beach）一位西班牙裔独居的82岁老太太的家。我有一个带浴室的很小的房间。厨房和洗衣房与女主人共用，每月租金500美元。

Life is a circle. 生活就是一个圈儿。在这里我要提前跟读者说的是，16年以后，我于2016买的房子，一万平方英尺的院子，两百多平米的家，就在老太太房子的后边。当然她早已去世。我当年做梦也没想到，我会在富人区买到一所房子，而且就与我当年租的房子背对背！世界上还有这样巧合的事儿？真是不可思议。也可能上帝看我不容易，这样安排？也可能是祖上有德，保佑他的子孙后代？

楠楠也十分高兴我将在蒙特瑞工作。她在旧金山上班，离蒙特瑞开车两个小时。更让我兴奋的是，我还没有搬家，就又被蒙特瑞州立大学招聘了。每周两次下午课，每次两个小时，教英文写作。与社区大学英文中心上午的工作时间不冲突。实际上，这第二个工作是社区大学英文中心的主任（Wanda）推荐的。她告诉我，州立大学英文系的主任跟她要一个可以教一年级英文写作的老师，也是小时工，除了工资，没有福利，也就是说没有医疗保险，没有退休费。她觉得靠我在社区大学的工资住在蒙特瑞太紧张了，另外我在她那儿的英文语法考试得了满分，面试时对我的印象也很好。于是就推荐了我。州立大学英文系的主任（黛安娜）考虑我住月牙城离蒙特瑞很远，就约定在电话上交谈一个小时后她再决定是否聘用我。电话会谈进行的很顺利。对于如何教英文写作，怎样对待学习吃力的同学，如何处理家庭背景不同的学生等等问题的回答，她都很满意。当场她就宣布正式聘用我为蒙特瑞州立大学英文系教写作的教师。两个大学都给我寄来了聘请信和开学前教师碰头会及开学的日程表。

蒙特瑞州立大学教师开学前的教师碰头会定在8月16，17，18，星期三到星期五三天。蒙特瑞社区大学教师学期开学前的碰头会定在8月18日星期五下午一点到五点。

我和金真是喜出望外呀！经过11年，我们回到旧金山湾区的愿望终于就要实现了！和楠楠离的也不远，每周都可以相聚了。

我在中国不同的单位工作了 19 年，深深感到我们还是受儒家思想的控制和管制，君君臣臣，下级服从上级，让你向东，你就不能向西，让你吃苹果，你就不敢吃梨。不能有个人的意愿，不能有与众人不同的想法和做法，连穿衣服都要考虑“影响”。不能挑选你想做的工作，甚至选配偶都要听从领导的，听从父母的。否则你就要成为众矢之的，成为一个反叛，听众人议论你，指责你，领导也不喜欢你，即使给你穿小鞋，你也没办法。一旦你的档案中有不好的记录，它就会跟你一辈子，让你永世不得翻身。多么悲催！

在美国“单位”工作，好像没有那么多条条框框，只要你把交给你的工作做好，其它事无人干涉，你可以充分发挥你的自我，创造力，有益于工作的想法，创意总会受到鼓励和支持。你自己可选择吃饭穿衣，住所，工作地点，走自己想走的路，交自己想交的朋友，说自己想说的话。相对之下，你会觉得在美国工作，生活，交友，言谈，行动更自由。

可能有人会对我上边的话大不认可，“美国的月亮都比中国的圆吗”？更圆还是更不圆，各有体会，各有所见。所言只是我的亲身体会。世界上任何事物都有两面。永远不会只有一面。各取所需吧。无需多论。

记得 52 岁我回中国看望亲友时逗留了近半年的时间。有幸遇到了一位修行多年的佛教师傅。在他为我举行的一次与三个信仰佛教的朋友聚会上，一位师姐跟我说，55 岁的时候你可能会有一场灾难。我也没当回事。

2000 年是我 55 岁那年，楠楠正在伯克利大学工程学院读本科生，五月份就毕业了。一月初她突然给我来电话，告诉我他爸爸带了一个教育代表团正在访问美国东部，他的领导让他不用带团一起回国，给他一周的假让他到加州看看女儿。我听了以后十分兴奋，跟他分手十年，现在终于有机会原来的一家三口人在美国可以团圆一下啦！因为我的内心深处总有一处是他的位置，他是我女儿的爸爸，又是我的初恋和让我永不忘怀的丈夫，我盼望着能见见面，说说心里话。法律上不是夫妻也可以是朋友和亲人。十多年来对他我一直念念不忘。我让楠楠问一下他的爸爸我是否从月牙城开车下去跟他见见面。问回来的是一句，“让她自己决定吧”。多年后我和一个知心朋友谈到这件事的时候，她说，“王冰生的回答是对的。让你来吧，你已是人妻，不知方便否；不让你来吧，你们毕竟曾是恩爱夫妻，又有楠楠，他何尝不想见你呢”？我怎么总是那么武断，不解人意呢？

我跟金商量时，他说，“你应该下去看看他们父女俩，有你的车去哪也方便”。于是我怀着满腔的热情和期望提前一天开了 350 英里到了楠楠的宿舍。楠楠已跟他爸爸联系好，我们第二天到机场去接他。

到了机场以后，我停在出口的马路边上，让楠楠下车去迎接他的爸爸。过了一会儿，只见楠楠自己回来了，我问，“你爸爸呢”？她说，“中国驻旧金山领事馆也派了一辆林肯大轿车来接我爸爸了。他就坐上他们的车了。他让你在前边带路开到我在伯克利的宿舍”。我盼望已久的人连面都没露，心里好失望。不懂为什么他既让我和女儿到机场接他，领事馆的人也来接他了。如果早知是这样，我何必开来机场呢。不过我也理解，他是外交部的官员，领馆来接也是出于礼节吧。

女儿开玩笑地跟我调侃说，您开的也是大林肯，够气派，不亚于他们呀。到了伯克利女儿宿舍楼下的车库，她用遥控给我开了栅栏门，我刚一停下车，车库的大栅栏门就自动关上了。我就站在车库里边，从栅栏门的铁栏杆望着街上，也不知道从哪出去。就好像一个囚犯一样。楠楠忙着去接他的爸爸，好像忘记了我的存在。一会儿就看见两个人提着行李和楠楠及她爸爸出现在栅栏门外。

正是一月份，那天也没出太阳，湾区不出太阳时，总是阴森森的。冰生穿着一件黑色的呢子大衣，带着一顶呢子的高顶帽，穿着一双黑靴子，1 米 77 的个子更显得魁梧高大。我刚刚吃了“两根冰棍”。第一根：他没做我的车，也没见到人。第二根：他们四人在行人走的马路上谈笑，我被困在冰冷的车库里，而且是在栅栏门内。我只好苦笑不得的说，“楠楠你得让我出去呀”！她才意识到我的尴尬，抱歉地说，“哦，对不起”。赶紧用遥控器打开了大门。我就好像被释放的囚犯一样，走到了马路上。不知为什么我和他也没相互打招呼，也没握握手。我走到两个司机面前说，

“上去坐坐吧”。他们很客气地摆摆手说，“不了，我们还有事。我们得回去了”。

我和楠楠，他的爸爸走进了楠楠租的公寓。坐下以后，好像大家都没有话说，不知我的激动兴奋都跑到哪去了。

总而言之，他在的那一周，每天我开车带他们出去或买东西，或随便走走。他一上车，坐在前边就把头往窗上一靠，半闭着眼睛，一句话也没有。回到宿舍后，就坐到阳台上，一根烟接一根烟。我做了很简单的饭，吃饭的时候。他和女儿谈笑风生。从没正眼看过我一次。晚上他和女儿睡在客厅，我睡在女儿的房间。有时我觉得太尴尬了，就随便问问我们的老同学，这个怎么样了，那个在做什么。他总是很客气地简单回答一下。我俩的对话，不疼不痒，近在咫尺，远似天涯。我问他对美国的印象是什么，他毫无表情地说，“其实美国也不怎么样，比起中国来，很多方面不如中国，甚至比中国还落后”。我这才意识到，我俩已经是两个世界的人。真感到，话不投机半句多。我有点后悔，为什么自己决定开那么远的车来看他的冰脸。他叫王冰生，英文名字叫 ICE（冰）。难道他的名字真的起作用了吗？几天下来，我真恨自己，没有自知之明。用热嘴巴去贴那凉屁股。我恨不得想马上开回去。

我满腔的热情，梦想，异想天开，都被那张毫无表情的冰脸踢到了九霄云外。无情的现实每天像一根鞭子时时抽打着我的心灵和肉体。我强装着没看见，应付着。直到他离开的前一天晚上，我再也忍不住了，郁闷，痛苦，失望和悔恨自己开车下来的错误决定像火山一样在我心中燃烧。我回到了我睡觉的房间，拿起了电话，给我的知心好友瑞纳拨通了电话。我一边述说一边哭。她是一个极其智慧，聪明，体贴，有分析能力和会安慰人的女子。我女儿意识到我的“失踪”，走进房间，看见我在电话上哭诉，就很不高兴也不知所措地跟我说，“怎么啦？怎么啦？何必呢”？她跟他的爸爸感情很深，能在美国接待他的爸爸也是大出乎意料的喜事。我不忍让她再为我担心，不愿意告诉，也不相信她能懂得我的内心世界。我就破涕为笑地说，“没什么事儿，你去跟你爸爸聊天吧。他明天就走了”。她转来他爸爸的话，“明天领馆的人来接他，送他去机场，就不用麻烦我送了”。

我思来想去，不知何日才能再相见，满肚子的话，一句也没说出来。现在又加上了新愁。我不能再憋在心里了。于是我就奋笔疾书，一口气写了满满的几页。把我开始的热情，期望，兴奋到现在的失望，痛苦，毫无保留的倾泻在纸上。我把它装在一个大信封里面。第二天早上我交给他，让他到飞机上再看。他离开以后，我和楠楠告了别，开上我的林肯向月牙城返去。

真是奇怪，那天早上也是阴天，没有下雨，但是海湾的雾气蒙蒙好像在下小雨一样。我开在海湾大桥上，想想我的这次失败的旅程，心情十份沉重。一星期前兴致勃勃地开来，一星期后失望离去，不禁泪如雨下。曾经恩爱无比的夫妻怎么现在就连路人都不如呢？！我对他的伤害正像他曾经写给我的最后一封信的最后一句话：此恨绵绵无限期。现在他对我的伤害也是此情终于离去也！

我不知那天的眼泪怎么那么多，好像无尽头的泉水喷涌而出。我沿着101 向北一直开了两个多小时，来到了 Ukiah. 这里有个万佛城。是个著名的佛学院。很多中外人士到这里参观，念佛，甚至出家。我也曾来过几次。我的眼泪止住了，可是心情还是乱如麻。我决定在这里呆一两个小时。于是我走进了大厅。那天有很多人在做佛事，我也找到了一个座位，虔诚地坐了下来。其实大家都在反复地颂唱几句话。不一会儿大家就都站了起来，跟着一位和尚围着大厅边走边颂唱。这是我第一次看到这个阵势。我不由自主地跟着大家在拥有万佛铜像的大厅里边走边颂唱。大约有半个小时左右，我的委屈，我的沮丧，我的失望，我的痛苦慢慢地离开了我。

当我回到我的车里时，大约是中午时间，也是冰生飞机起飞的时间。我望着蓝天白云，心里默念，再见了！

好像如释负重，我轻松地继续向北开去。还要再开五个小时就到月牙城了。路上几乎没有什么车辆。我向左边看去，无意中发现天空中朵朵白云在蓝天上飘来飘去。我忍不住把车停在路边，想拍几张照片留念。啊！

我突然发现白云当中有一座佛像！就好像释迦摩尼坐在那里。我真不敢相信我的眼睛，再细细看，就是一尊佛像。我连忙拿出相机把他拍下来了。我的心也平静下来了。难道真是佛祖在显灵吗？我是不是也应该放下人间的痛苦呢？

后来听人说，万佛城的天上经常出现佛像。

第十五章

晴天霹雳

前一章开始时介绍了我在蒙特瑞找到了两份英文教师的工作。我和金及楠楠都高兴万分。

俗话说，乐极生悲。人生总是莫测。一件意想不到的事，像晴天霹雳，突然降到了我的身上。

我们要出发的前一个星期五，2000 年 8 月 11 日，我接到了给我看病的外科医生的电话。他办公室的秘书说大夫下个星期要出城，请我当天去他办公室一下。我忐忑不安地到了他的办公室。因为七月份我在我的左乳房的内上方摸到了一个硬块，做了活检后大夫说是良性肿瘤，他给我做了手术把那个直径两厘米的肿瘤取出来了。我恢复的很好。难道说又有什么问题吗？

我走进他的办公室，看到他手中拿了一张纸，脸上很严肃。他温和地说，"我要告诉你一个不太好的消息：我们给你取出的肿瘤做了切片检查，在两个切片中我们发现了癌细胞。我们的结论是你得的是侵入性恶性乳腺癌。我知道你在蒙特瑞找到了新的工作，可是你需要尽快做手术…"后边的话我根本没听清楚他在说什么，晴天霹雷一样，震耳欲聋！这怎么可能？！是不是老天爷在跟我开玩笑 !?

等我平静下来，我问他要做什么样的手术，他说为了安全起见，最好做左乳房全切除。因为肿瘤的直径和肿瘤的性质不能采用保守或半切除疗法。

我从 12 岁开始练体操，后来又学习了各种各样的舞蹈，年节假日经常上台表演，我爱美，爱穿漂亮的衣服，怎么可能失掉一个乳房呢？（后来我听说演林黛玉的陈晓旭得了乳腺癌。就是因为她忍受不了失去一个乳房的耻辱，没有用西医治疗，而选择了入佛门。没几年就去世了。）何况下周我就要搬到美丽的蒙特瑞在两所大学开始新的工作，我怎么可能马上做手术呢？我六神无主，不敢相信这残酷的现实。伤心，失望，无助，绝望占据了我的整个身心，顾不得脸面，我趴在桌上哭了起来。

那个给我打电话的女士递给了我几张餐巾纸，她同情的眼神帮不了我。医生耐心地等我哭完后说，“如果你不想留在当地做手术，我认识蒙特瑞的外科医生，我可以给他打个电话，安排你下周去见他。到底是留在这里做手术，然后好好休息，放弃新工作，还是去蒙特在那里做手术，在那里休息，你自己决定吧。至于你的新工作，你是否可以让他们给你留着，我就说不准了。这样吧，你回去跟你先生利用周末好好商量商量，下周一给我打电话，告诉我你的决定，好吗？”我说，你不是下周出城吗？他说，我让秘书那样告诉你，是找个借口，把你叫来，当面跟你谈，我是不想让你紧张。多么善良，周到的医生啊！

我昏头昏脑地离开了医生的办公室，也不知是怎么开车回家的。脑子里就是这七个字：乳腺癌，乳房切除。我能忍受一个爱美的我失去一个乳房的羞耻吗？一个轻生的想法突然钻进了我的头脑，如果我了结了自己的生命，我就不用受罪了，我那可爱的唯一的女儿受的了吗？我在中国亲密的亲人和喜爱我的朋友们受的了吗？视我为女神的金受的了吗？怎么办？怎么办？怎么办？我可以结束我的痛苦，可是我给他们带来的痛苦能让我的灵魂安息吗？我不能这么自私，我要忍痛活下去！满族女人的那股不服输的刚强劲突然从我的血液中喷发了出来，我站在院中，周围没有一个人，望着那蔚蓝的天空，没有一丝云，望着我和金亲手种的各种果树和郁郁葱葱的树木，我下定决心接受命运的惩罚，接受上天的考验。我把眼泪吞了回去，回到了房间。

我决定先给我一块儿练习芭蕾舞的好友，琳达，打个电话。她一听就说，“Oh，no，no. Too bad”。然后就跟我说，“我建议你到蒙特瑞去做手术，那是个高档住宅区，各方面条件都很优越，你还可能保住你的工作”。我又请教了我那在北京当肿瘤科主任的大表姐，她说不要犹豫，尽快做手术。我马上给我的医生打了电话，请他帮助我联系蒙特瑞的医生。在关键时刻，有人能听我诉苦，安慰我，帮我拿主意，多么难能可贵！这些都是我的贵人哪。

我已经有了主意，不再六神无主了。等金下班回来后，我勇敢地告诉了他这不幸的消息，也告诉了他我的决定。他当然非常吃惊，心疼地把我搂在怀里说，我还会像以前一样爱你，我下星期陪你一起去蒙特瑞。

整个周末我都像做梦一样，一边收拾东西一边掉眼泪，有时忍不住趴在一堆没叠好的衣服上哭出声来，我真不敢相信“绝症”会找上了我。

星期一早晨我的医生打来电话，告诉我已经安排好了：星期二上午十点见蒙特瑞的外科手术医生，他把医生的名字，电话，地址都给了我。于是我和金每人开一辆车，朝蒙特瑞驶去。里程是 470 英里。我和金晚上开到了在 Pebble Beach 我已经租好的那个西班牙老太太住宅的一间房间。路上路过旧金山的时候，金问我要不要告诉我的女儿楠楠，我说她刚刚开始大学后的第一个工作，我不想让她为我伤心难过，影响她的情绪，决定不告诉她。金说那她会不会事后埋怨你这么大的事情都没跟她说，万一你发生了什么意外？我说，“如果我发生了意外，就让她永远记住我健康时候的样子吧”。

第二天是星期二，见过医生以后，他决定星期四给我做左乳房全切手术 (他手中已经有了我的病理档案)。星期三我到蒙特瑞州立大学参加教师训练。见到了在电话中聘用我的黛安娜主任，参加了一天的会议，也拿到了我上课的教室和学生名单。我跟负责人说，我明天有个医生预约，不能参加训练了。她说看大夫要紧，明天不用来参加训练了。

星期四的上午，我们来到了蒙特瑞医院（CHOMP）. 一进大厅我俩都愣住了：这哪里是医院，明明是五星级宾馆嘛。说是医院，一点医院的味道都没有。大大的窗户透进明亮的阳光，墙上挂的都是漂亮的画，地上都是干干净净的瓷砖，随时可以坐的舒适的沙发摆得恰到好处。大厅中心还有一个不小的水池，里边的金鱼游来游去。水池旁边放着吃饭的小桌子，可以点各种各样的三明治，咖啡，点心等。我紧张的心情马上就放松下来了。

在手术室的外边我们等了没有多长时间，护士就出来了，金深情地看着我说，我等你出来。我换好了衣服，看到几乎我认不出来的昨天见我的医生也换上了他的蓝绿色的手术服，带着帽子，他说我们先给你打一麻醉针，等你醒来，一切就都做完了。他还微笑地问我，你准备好了吗？我大声说，“Just a piece of meat，come on”!(不就是掉一块肉吗！来吧 !) 其实我是在给自己鼓气。听到我用戏剧性的语音语调回答他的问题，他和护士都笑了，屋里紧张的气氛马上缓和下来了。

等我醒过来的时候，只觉得胸上裹了厚厚的几圈纱布，没有什么感觉。当护士把我从手术室推出来的时候，金一下子就冲到了车边，他那蓝蓝的眼睛里充满了慈祥的爱和泪水。我也微笑地说，结束了（It is over)。

这场与癌症奋斗的“战役”，彻底改变了我的人生观。死神的手我都摸过了，世上还有什么可怕的呢！丢去了一个乳房，我得到的是金钱买不到的宝贵精神财富：什么面子，名誉，金钱，地位，提升，坎坷，困难，我可以都不在乎了。我更爱造物主赐给我的一切，我更爱我的家人和朋友，我更热爱生活。

星期五中午 11 点，金接我出院。他说：“我们回家吧”。我把从身上接随时流出液体的小瓶放进我的左裤兜，披上外衣，说，“把我开到蒙特瑞半岛大学的英文中心去吧”。他说，“什么？你要去参加教职工会议？”我说，“是的”。

他看我的态度那么坚决，也无可奈何，只好说，我真不相信（I cannot believe it)。就这样，我忍着痛，慢慢地走进了坐落在图书馆里边的英文中心。除了七月份面试我的三位老师，其他的教职员工，差不多十几位，都是第一次见面。主任热情地把我介绍给大家，因为都是搞英文的，我觉得和他们有一种天然的联系。后来我跟他们都成了多年的好朋友。到了下午五点的时候，金已等在外边，等我坐进车里时，他眼里满含泪水，感动地说，“You made it”! (你成功了！)

就这样，金陪了我两周，每天接送我上下班。可是他得回月牙城办理他需要办的事情。我也可以自己开车了。至于癌症手术，我一直也没和任何同事或学生提起过。上班时接液体的小瓶，一直藏在我的左裤兜里，每一个多小时我就去厕所倒掉渗出的液体，还好的是我最长的工作时间只是四个小时。两个星期以后小瓶就用不着了。回想起来，我真不知道我是怎么度过那些天的。我的认知能力好像升华了几个台阶。我体会到人的忍耐能力和毅力是无穷的。可以创造奇迹。从此以后，我更加大胆了。好像更加什么也不怕，什么也难不倒我。天无绝人之路，车到山前必有路，有志者事竟成，等等箴言，我是有切身体会的了。

可是更大的考验和尴尬窘境又来到我的生活里。在医生和护士长的劝说下，手术后的第二十八天，我开始了化疗。每三周一次，一共是四次。为了不影响上班，我把它安排在星期五的下午。三大管药水从我的静脉输进去，需要两个多小时。你们相信吗？周五中午我给自己安排了网球课，上完网球课再去化疗。我坚信我爱好一生的运动会给我勇气和力量。现在想起来我都不敢相信我当年是怎么熬过那些苦难的。

输液的时候并不疼痛，也没有太多的感觉，躺在那里那两个多小时很枯燥寂寞，护士给我放电视我也看不进去。折磨我的是输液后，有几次还没走到车里，尿已经流湿了裤裆。回到我租的那个房间，不知何时就会呕吐，也没有食欲。真像一条龙被抽去了筋骨，浑身软绵绵，一点力气也没有，躺在床上多想睡睡，可就是睡不着。什么叫百无聊赖，我可体会到了。还好的是我没有把我得癌症和化疗的事情告诉任何同事和学生。这样我把自己，别人也把我当成一个“好人”。在两个学校里我就像正常老师一样，按时上课，按时下班，批改作业，有时我的眼睛根本睁不开，就用冷水冲一下，用手揉一揉，还得强迫自己把作业批改完，还要给每个同学写评语，讲解。那些日日夜夜的折磨太痛苦了。与其说我是在和疾病作斗争，不如说我在和命运作斗争，在和要吃掉我意志的魔鬼在拼搏。我下定决心拼到底，拼出我的生路一条！

最可怕的经历是化疗以后两个星期，如医生警告我的一样，我的头发要大把大把地往下掉。化疗是从 2000 年 9 月 15 号开始的，9 月 30 号我正好要开车去加州首府萨克拉门托（Sacramento）州立大学参加一个学术会议。我去参加会议的主要原因是我可以路过伯克利女儿住处住一夜看看她，顺便把我做手术的事情告诉她，我想她亲眼看到妈妈还乐观的活着，也不会太担心了。没想我刚说完我要告诉她一件有关妈妈健康的大事时，她就开始紧张了，双手握成拳头，直发抖，她说："你快说，快说"。我安静地说："我现在已经没事了，你别那么紧张。我搬到蒙特瑞之前被诊断得了乳腺癌，8 月 17 号已做了手术。一切都过去了"。她简直不相信自己的耳朵，"现在真的过去了，没有危险了"？我说："你看，我就在你面前，不是很好吗？以前没有告诉你，是怕吓住你"。她如释负重，说："那就好"。人生最难的一关就是亲口告诉你的亲人，"你得的是癌症"，或是"我得的是癌症"。我骄傲的是我把此事安排的如此不声不响，如此顺利。除了金和大表姐，我没有惊动任何亲朋好友。我不忍心让他们为我伤心和担心。我想我自己可以扛着。再痛苦也只让我一个人受着。

我和女儿吃完晚饭，我洗澡冲头发的时候，突然大把大把的头发，从头皮上脱下来，吓得我赶紧关上了水龙头。我知道脱发如期开始了。我赶紧擦干了头发，也没敢跟女儿说，悄悄的把澡盆里的头发收拾起来，用纸包上扔进了垃圾箱。第二天一大早，我开车到加州首府萨克拉门托州立大学，参加完会议，回到学校给我定的一个很古老的高级旅馆。睡觉前我洗澡时，更可怕的现象发生了。

刚一冲头发，天呐，就好像有人把我的整个头皮揪下来一样，我的手一胡噜，一大把头发就掉了下来，吓得我不知所措，不一会，整个澡盆里都是我头上掉下的头发。我赶紧用双手去堵下水的地方，别让头发流进去。关了水笼头以后，我坐在那里，简直不敢相信我的眼睛，我怎么会有那么多的头发！密密麻麻盖满了澡盆底！真要把这宾馆的下水道堵了怎么办？还好的是我及时关掉了水龙头，用我的双手把头发挡住了。我什么都顾不上了，用双手捧起澡盆底上的头发，先放在地上，等差不多都捧出来了，我又用餐巾纸一小包一小包的包好一堆堆的头发，放进垃圾箱里。这时我才有时间，穿上衣服，不敢照但还是照了镜子。

我的妈呀，满头的黑发已经掉了一大半，好几处已显出秃顶。我回校怎么见人哪！还好的是州立大学没有人认识我，开完会没有去看女儿。我直接开回蒙特瑞，在海边市 SEASIDE 找到了一家专门卖假发的商店，买了一个假发。十月份正是加州的 INDIAN SUMMER，前边介绍过（蒙特瑞的夏天三个月，6，7，8 大部分时间是雾蒙蒙，温度可以低到摄氏 12 度左右，九月份以后开始阳光明媚，气温可达到摄氏 25 度到 30 多度）。戴上那假发不透气，我的头皮又痒又捂得慌，于是我就想了一个办法，用纱巾把头裹好，今天这样，明天那样。回家后就露出几乎秃光了的头，不管它了。

其实生活上的许多尴尬情况，都是我们自己的虚荣心在作祟，如果你自己不在乎旁人的眼光和议论，相信自己的外表和生活方式与他人无关，你就会生活的自在，快乐。我好像在关键时刻，总是那么自主，独立，不允许外界骚扰我的思维和情绪。我感谢我的满族女人的性格和坚强的毅力。

一个学期以后，2001 年的 1 月，我又被聘请在社区大学每周六上午教太极拳一个半小时。在第一次的太极拳课上，当我跟大家介绍我怎么用气功和太极与癌症赛跑时，就只见英文中心为支持我也报名参加太极拳课的几个同事，用手捂着嘴，瞪大了眼睛。我们从 8 月到 12 月中相处了四个多月，我没忍心告诉她们我得了乳腺癌是带病上班的。下了太极拳课后她们都走过来把我抱住了，我坚强了几个月，可这时我的眼泪再也忍不住了。她们其中一位说："我看你带着各种各样的头巾，因为你总穿的那么漂亮，我以为那是你的打扮之一呢。我曾怀疑过你是否在做化疗，但也不好意思问你。你应该早点告诉我们，我们可以帮帮你呢"。多么好的同事啊。

2022 年 4 月 6 日丹尼尔的妹妹萨箬和妹夫来蒙特瑞度春假。我们在 LODGE 吃午饭。我又看到了卵石海滩高尔夫球场地 18 洞的边上的那棵大树。这棵大树印证了我 2000 年夏所经历的手术和化疗后的情感，每个周末我都从我租的卵石海滩那一间小屋开车到这个角落做气功（金还没搬来蒙特瑞），打太极拳，用宇宙的能量来排出我内心的郁闷，煎熬和痛苦。

萨箬陪着我来到了这个角落，回忆，感叹，庆祝我度过的人生中的一个大难关。22 年前，每个周末我在这里寂寞孤独痛苦地经历着左乳房全切和化疗的折磨，看着世界上最著名的海景，无有一丝云的天空和蔚蓝的大海，吸取无穷宇宙给予我的能量波段，现在的快乐幸福感语言哪能表达！我怎么会不爱生活和世人呢？

2000 年 10 月金也从加州北部的月牙城退休搬到蒙特瑞来了。他的医疗保险我仍然可以用，但因为他工作的戴尔梦特县老年中心是个不盈利的组织，没有很好的福利。离开以后要自己买医疗保险。在美国我必须寻找一个有全医疗保险，有退休金的全职工作。俗话说，当你的生活中一扇门被关掉时，就会有另一扇门对你开着。一天，我的一个太极拳课的学生跟我说，你应该到蒙特瑞要塞的国防语言学院去教中文，那是个政府部门，有很好的医疗保险和退休福利。我和金说我想到那里去看看。他说，那是个陆军要塞，你去找谁呀。我说先进去，问问人事处在哪吧。

那时要塞还没有警卫制度，我们顺着路开了进去。那是蒙特瑞临海的一座小山头，风景极好。里边来来往的的大都是穿海陆空军服的年轻人，非常精神。我自来美国以后还从来没有见过这么多精神抖擞的美国士兵。当我打听人事处在哪的时候，一个士兵很有礼貌地指给了我们。

一栋黄色的建筑物配着咖啡色的屋顶显得很协调。（我后来的第三任丈夫，丹尼尔现在就在这所大楼里上班一生活中的谜呀）。我们找到了“人事处”，一位说英文带一点德国口音的没穿军装的女士接待了我们。当她听说我要寻找教中文的工作时，喜出望外地说，太好了，我们急需中文教师呢。她拿出了一份三页的表格，让我填好后说：“你需要通过三项考试，都是通过电话，不需要到场。一个是中文的，一个是英文的，一个是工作方面的用英文问答。我们会打电话约你的”。

两个月左右后，我接到了考试通知。我问可以到学校来当面考试嘛，回答是可以。英文和中文的考试分别是两位考官。中文考官和我很有缘分，（进学院以后都成为了我的好朋友：一位是我发小 Susie Wang 的丈夫，李树民先生，另一位是我的领导和兵乓球友林柏松先生）。他们问了我许多问题，没有笔试。不过给我假设了几个场合，让我即兴发挥。我上学和工作以来一直擅长当众讲话，也上台表演过无数次舞蹈，唱歌，指挥合唱，演话剧等等，我觉得这种考试方式太有意思了，发挥的很好 . 他们让我回家等通知。很快，英文和工作考试通过电话也完成了。不到一周，我就接到了国防语言学院的正式通知，告诉我被录取了，让我回答是否接受聘请。

还通知我，如果接受工作，下月（4 月 25 日）上班报道。

我和金又一个喜出望外。不过我还没有跟我正在工作的两个大学打招呼呢。另外一旦开始这全日工作，就忙了。我还想回中国探亲，看看哥姐，和一个妹妹以及他们的孩子呢。于是我与那位带德国口音的女士（原来她就是人力资源处的负责人）谈定 6 月 25 日开始上班。

我很不好意思地辞去了两个大学的工作，他们理解我决定离开的原因。社区大学英文中心请我周末值班半天。我同意了。这时我的四次化疗已完毕，头上也长满了比以前更曲折的短短的卷发。

怀着从未有的喜悦，我飞回了北京，去见见关心我担心我的亲友们。自从 1987 年离开北京到如今 2001 年，整整 14 年。这其中的酸甜苦辣岂能是语言所能表达的！与国内亲人们的相聚和分享好像给我充满了电。

2001 年 6 月 25 日，我开始了在美国加州国防语言学院中文系的全职工作。学生们都是美国海陆空军官和士兵中挑选出来的有一定语言能力的在职军人。年龄绝大部分都在二十岁左右，充满了朝气和生命力。我一进教室看到他们炯炯有神的眼睛，渴望学习的神情，就忘记了我是刚刚康复的癌症病人。我不但教他们中文的发音，语法和各种句型，而且随时结合课文介绍中国的文化，历史和风俗。我还用各种活泼的活动带动他们进入对话，角色扮演。看到学生们发困，显出疲劳的时候，我还用三两分钟带领他们甩甩手，做几个太极动作。很快我就成了学生们喜爱的老师。好几个学生一看到我走近教室，就坐正了，脸上露出笑容，有的干脆说，“啊，我最喜欢的李老师来了”。在这样的气氛下教书，我每天都是高高兴兴的。同时我还继续在工作之余打乒乓球，打网球，游泳，上芭蕾舞课，周末教太极拳。我的癌症医生茹彬 (Dr. Jerome Rubin) 支持我的一切活动，还支持我吃些中药进行调整。他为我的迅速恢复和过人的精力感到十分高兴。他告诉我他经常用我的例子鼓舞其他的病人。

2002 年的一个 2 月的晚上，在乒乓球台旁，我在抽一个正手球时，突然感到腰疼。我以为是用力过猛，闪了一下。我找到了当地的颈脊椎专家豪武德 (Dr. Howard)，他给我检查以后，让我到卡迈尔的一家理疗中心做理疗。经过每周两次三个月的理疗后，我的腰疼没有什么好转。给我做理疗的那位小伙子向豪武德医生汇报了我没有好转的情况。豪武德医生让我到他的办公室给我照了几张腰椎大片子。不一会他拿着我的透视片走进来了，他很失望的看着我说："怪不得你的腰疼治不好呢！看，你的腰椎第五节中间有一个洞"！（那张透视片我留了十几年，去意大利前丢掉了）。我傻呆呆的坐在那里，听他说道，"我只是一个颈脊椎专科医生。我分析造成这个洞的原因有三：一是骨质疏松，但是骨质疏松这个病在亚裔群中不太多；二是如你所述，打球时扭了腰，但也不太可能；第三就是你的乳腺癌转移到了那里，癌细胞把那里的骨头吃掉了。但我不是癌症专家。你最好回到你的癌症医生那里检查一下吧"。

我怀着忐忑不安的心给茹彬医生打了电话。他让我第二天早上到他的办公室去，看完片子后，他马上安排我当天晚 7 点到我做手术的大医院去做扫描检查。第二天早晨再去他的诊所看结果。

扫描后的第二天，我心惊胆战地走进了他的办公室，我坐下没几分钟，他就走了进来，看着他那阴沉的脸，我就预感到大事不好——一定是第三种情况！果不其然，他低声说道："是个不好的消息。你的乳腺癌已经转移到你身体的 7 处骨骼上了"。什么？又一个劈雷来了。我不相信我的耳朵，反问道，"怎么能说明是癌转移，而不是别的原因呢"？他缓缓地解释道，"昨天你扫描前吞下去的白液体，几秒钟就到了你的全身，凡是有癌细胞的地方，都会呈现出明显的白色。在你的身上，我们发现了 7 处…"还没听完他的解释，我的眼泪就忍不住劈里啪啦的掉下来了。他等我抽泣完后，用安慰的口气对我说，"这虽然是个坏消息，可是你的内脏都没受到癌细胞的侵润，按理说癌细胞袭击了你的 7 处骨骼，应该也会袭击一些内脏，可是你的肺，肝，肾，脾胃都干净得很，没有一点癌细胞的痕迹，我还不能解释这个现象。可能跟你练气功，教太极拳有关系吧。值得欣慰的是我们可以集中精力只对付骨骼上的问题，其它器官不用担心。至于被癌症吃掉的那个洞，可能将来需要做个手术，把医用水泥打进去，不过那是以后的事了。目前我们要治疗的是转移到骨骼上的癌细胞"。"用什么方法呢"？

我问。他说你还要经过一个化疗的疗程。每三个星期做一次，一共做四次。“我还要掉头发吗”？“对不起，还要”。“为什么，我的癌症会转移”？他说，“你得的是最恶性的侵润型乳腺毒瘤，很容易转移”。

就这样，2002 年 6 月中旬，我又开始了化疗。

这次的反应比第一轮更厉害，除了像龙被抽去了筋全身无力以外，什么东西都吃不下去。下了班就躺在沙发上苟延残喘。我的发小王淑绵正好从外省搬来蒙特瑞暂时住在我家，她每天千方百计做各种饭菜劝我吃一点。她开过饭馆，是个好厨师，色香味俱全。可是我的味觉被化疗杀死了，把盐放在舌头上都没有感觉。她曾照顾过许多老人，很有经验。看到我的样子，悄悄伤心地告诉金，“看来 Lydia 已是晚期病人了，你还是做好后事的准备吧”。金后来告诉我说，他的回答是，“No，Lydia will not die。She will survive”！（不，丽迪亚不会死。她能活下来的）！听后，我不但很感动也很受鼓舞，因为金对我是那么肯定，对前景是那么 positive（正面思考）。

有了第一次掉头发的经验（当时我的外甥陈岳来看我，他说留那几根头发有什么用，更难看，果断地帮我把头发剃掉了）。这次我做好了准备，化疗的第十五天，头发刚一开始掉，我就让金把我的头发全部剃光，我可不想再经历第一次掉头发时那样，整个头皮就像被别人剥下一层那种可怕的感觉了。天气热时我在办公室就摘下头巾，秃头的羞辱感还存在，但脸皮好像厚了一点。同办公室的美国魏老师跟我半开玩笑地说，“Lydia，你不剃头我还不知道你的头型长的那么 Perfect 呢（头形那么完美）”。那种爱惜，安慰，温暖，幽默的话语让我好感动啊。后来魏老师还请我和他那职业歌手的太太在当地广播电台做了一场中国民歌的演出呢。

我这次生存下去的愿望好像比第一次更强烈。决心战胜癌症的信心好像更充足。我也没有告诉我的学生们。可是一个她妹妹经过化疗的女生在课堂上突然问我：“李老师，你为什么又开始化疗了”？我一点思想准备都没有，犹豫了一下，我诚实地说：“因为我的乳腺癌转移到我的骨头上了”。全班鸦雀无声，我安慰他们说，四次化疗以后，我会好的。

等我中午回家吃完午饭回到办公室时，我看到我的办公桌上摆着一个花瓶，里面插着一大束漂亮的鲜花，桌上还有一张慰问卡，卡片里边都是学生们鼓励的话和他们用中文签的名字。我不知是悲伤还是感动，我的眼泪哗哗的流了满面。下午时，系主任把我叫到她的办公室对我说，如果你需要请假或什么帮助，我们一定尽力而为。你也可以请假，在家好好休息。

不知哪儿钻出来的一股劲儿，可能还是满族女人的那个不服输，天不怕地不怕的倔强性格助了我。我没有请病假。我想与其在家受化疗的折磨，痛苦呻吟，不如把自己当成个正常的人，该做什么就做什么。我要和考验我的上苍比试比试，看是我硬，还是你硬！大不了不就是个死吗，我不怕死，你还能把我怎么样？我带着假发去上芭蕾舞课，带着头巾去教中文课，光着头去教太极拳课，带着漂亮的围巾去各种场合表演。我的生活好像没受任何影响，仍然积极参加各种各样的活动。只有在事后，我自己知道那痛苦的滋味，不过精神上的意志力战胜了肉体上的痛苦。我没有害怕，没有沮丧，没有抱怨，没有失望，我要活下去，活出个样子来，不光是为自己，也是为爱我的家人，爱我的学生和亲朋好友。我爱这个美好的世界。我为自己的坚强而感到骄傲和自豪。

我大姐的二儿子田汶澍与我亲如母子，他听说我的癌症转移了，不顾昂贵的价格从天津给我寄来了中华灵芝孢（后来改名为双灵固本散）和各种书籍，报纸，鼓励开导我有信心好好治疗。吃了一个月后，我开始有了食欲。到了 2002 年底，肿瘤指标也逐渐恢复正常。我不但没有死，反而健康的活下来了。每天上午课间时，我在教室外边的走廊上做太极推拿动作，有些老师和学生也跟我一起做。当年各种场合的许多照片和录像记录了那段难忘的历史时期。

除了我自己的一个女儿，我还有 11 个侄女、侄子、外甥、外甥女。他们小的时候我都带他们一块儿玩儿，所以我们的关系很密切，我虽然比他们都大一辈，可是我总像是他们的玩伴儿，像他们的妈妈，像他们的大姐姐，像他们的朋友。我也永远长不老，长不大。每每想到他们，心中暖暖的，就好像我有许多儿女。我知道，我爱他们，他们也都爱我。我得好好活。

过了一年以后，我又去脊椎专家豪武德医生那里照片子，不一会，他右手用夹子提着刚洗出来的大片子，满面笑容大声地跟我说，“It is healed! It is healed”！我不相信我的耳朵，我问，“什么叫 healed”？他说，“It is healed；the hole is gone”（痊愈了，腰上的洞不见了）！“那我不用做手术了”？“The hole is filled. Why do you need an operation”（洞已经自己填上了。还做什么手术呢）？我把喜讯告诉了我的癌症医生茹彬先生。他高兴地说，“太好了”！

后来我问我的当医生的朋友杰克森先生，“我第五节腰椎上被癌细胞吃的一个洞怎么会自己填上了呢”？他说，“医学上的许多事情，我们无法解释。这是个奇迹吧”。

我的大表姐程玉蓉，空军总院肿瘤科主任，不知她治好了多少病人。她看着我长大，每个寒暑假我俩都在一起，也是我的家庭医生。我生病的从始至终，她都听我的汇报，予以指导。她说我的意志和乐观心态救了我的生命。

好几个人都问过我，你认为是什么治疗了你的癌症？我总结了四点：

1. 西医疗法，及时手术，配合医生进行了化疗。用西药杀死癌细胞。

2. 手术后，在化疗期间，同时服中药。中国的中药有上千年的历史。癌症其实就是气滞血瘀后在体内造成的痈。中医可以帮助顺气化淤。当气血通畅以后。血液循环正常了，痈就会慢慢消失了。

3. 乐观地，自信地，勇敢地面对现实的态度会让一个人的主观意识起积极的作用，这种主观意识会改变一个人体内的化学成分，这些看不见摸不着的东西会像手拿锐利武器的小勇士击败癌细胞。

4. 坚持各种各样的气功，太极运动。我们老祖宗留下的这些法宝让我们接受宇宙的能量，打通体内堵塞的经络，让气脉贯通。那些癌细胞就会神不知鬼不觉的逃走了。

我的一位老同学，本来查出有个血管瘤，做了几个月的气功，瘤子不治自消了！这样的例子可能很多很多。

感谢上帝，感谢菩萨，感谢上苍，感谢那些为我祈祷的亲朋好友！我写到这里时，离第一次被诊断乳腺癌已经过去了22年。我会珍惜生命，好好活下去的！

第十六章

女儿成家立业了

2005年我六十周岁那年的一月回京与冰生，楠楠的准公婆及准女婿会面。当年的五月，女儿与陈驰在北京郡王府举行150人参加的隆重婚礼。

楠楠是个非常单纯的女孩儿。她的心就像她那光滑细腻的皮肤一样，洁白清澈，玉石般的透明。

在女儿的婚礼上，看着满堂的高官贵客，亲朋好友，喜气洋洋的气氛，我不禁浮想联翩。

在月牙城上高中的时候，她在学校成绩名列前茅，又是国际学生俱乐部主席，校网球队的主力，演讲辩论队的佼佼者。有个男生约她出去吃午饭，楠楠问我可以吗，被我斩钉绝铁地拒绝了。我就像我的爸爸当年对我那样，不能和男同学单独接触。她对我很不满意。但她还是按照我的话去做了。上伯克利大学以后，她跟金聊天时说，现在回想起来，我很感激我的妈妈。我的高中同学有几个谈恋爱，有的未婚先孕，有的生了孩子，不得不辍学。

2002年美国的经济下滑，许多网上COM公司关闭了。楠楠回到了北京，在世界银行办事处工作。陈驰也因公司倒闭而回到了北京。他的父亲和楠楠的表姐小红在一个公司工作。他俩聊天时，陈先生得知小红的表妹楠楠还没有男朋友，就说我的儿子和你的表妹都是从美国回来的，让他们见见吧。不过我可以先见见吗。这些都是后来陈先生来美国看望我时跟我说的，“我一见你家闺女就喜欢上她了。楠楠不但长得美丽大方，皮肤超众，而且有大家闺秀风范。现在这样的女孩儿，又有知识，又漂亮，谈吐极有教养的真不多。于是我就回家跟我儿子说，我见到了小红的表妹，他还没看见楠楠，我就做主了，我跟陈驰说，你一定要见见她，不能让这么好的姑娘嫁到别人家去，她得给我们家当儿媳妇。”我没想到陈先生那么坦诚，也很高兴他一眼就选中了准儿媳妇。

陈驰见了楠楠以后，就开始下功夫了。后来他跟我说：“第一次请你闺女吃饭，我就花了1500块钱。她确实是太优秀了。我认定她就是我将

喜庆之日

左起：王冰生，作者，王晓楠，陈驰，马书玲，陈火琪

来儿女的妈妈”。

在楠楠 24 岁生日的时候，陈驰定了 99 朵红玫瑰花，派人送到楠楠工作的世界银行驻京办事处。当广播通知楠楠到前台取花的时候，全楼的人都知道了。有同事还当场拍了照。楠楠抱不过来 99 朵玫瑰花的镜头一直留在我的影集里。后来陈驰跟我聊天回忆那场景的时候，我说：“你真聪明。你们刚认识两个月，这就等于向大家宣布，谁也别打这个姑娘的主意了”。陈驰笑着回答我：“对，我当年就是那个意思”！

2002 年两个人都先后回到了美国。下边的故事也是陈驰告诉我的。陈驰当时住在康涅狄格州，楠楠住在加州旧金山湾区埃默里维尔，为了能与楠楠近一点，陈驰特带找到了他的一个读硕士班的同学，也在加州埃默里维尔，他就租了那个同学两居室的一间。这样他就可以经常约会楠楠了。

苍天不负有心人哪。看着他俩郎才女貌，我怎能不高兴呢。

2005 年是个吉祥的一年。我去上海观看了全国京剧汇演。见到了几乎所有的京剧名角。在北京参加完女儿婚礼我被邀请去美国驻华大使馆与雷德大使夫妇及他们的三个孩子共进午餐。我和雷德先生当年共在美国驻华使馆商务处（建国饭店里）工作过几年，他当时是北京驻华大使馆商务处一秘。我是商务处的首席翻译，官名叫中文秘书。我们合作得很好，工作很有成效，我和他家一直保持着友好的联系。

几年后我去了美国，雷德先生被任命为美国驻中国大使。2006 年老兵节我和金带着我朋友的女儿 Rebecca Jackson（从朱丽雅音乐学院毕业）。去北京美国大使馆给大使夫妇及客人们表演她的小提琴和我的独唱。难忘的时光。我的生活充满了阳光。

第十七章

我的丈夫

我从来没有想到过我要离开金。他是那么一位正人君子。可是我是一个凭感情而不是凭头脑办事的理想主义者。也可以说从骨子里，我就是一个被自己感情驾驭的女人。在许多情况下，是生活选择了我，而不是我选择了生活。另外我们的宇宙如此之大，我们每个人如此之渺小，我能有多少掌控呢！

下边就开始写写我的第三位绅士，也就是现在的丈夫，丹尼尔 蒂埃里 (Daniel Dieli) 吧。

丹尼尔身高 5 英尺 8.5 英寸，个头不高不矮。经过多年的武术学习和各种军事训练，身体挺拔，十分结实。他的头发是波浪形的，文质彬彬的眼镜下边是一对永远在思考，在探索的蓝色的眼睛。典型的一个意大利人的高高的鼻子，很有形状的小嘴巴。心情好的时候，对人彬彬有礼，谈笑风生，十分幽默，有求必应，有时还特地用满人右腿跪在地上，右手耷拉下来的姿势，给我请安，口中用标准的北京话说："老佛爷，什么事儿"？我也就当场作戏，"给我把头发梳梳"。（你们相信吗，他在北京的街头上，看我的头发乱了，就从口袋里拿出拢子给我当场梳拢头发，引得陪伴我们的外甥女掩口偷笑）。我俩的对话逗得大家哈哈大笑。有一次，他又表演起来，当我说："上茶"时，他突然用地道的中文口气说："忙着呢！"弄得我措手不及，我也当场作戏，"今儿是怎么啦？你要反啊"！逗得大家笑的前仰后合。他的回答原来是我的好朋友王靖背后教给他的。可是当他心情不好的时候，把头一低，满脸乌云，好长时间你从他嘴中问不出一个字来。

丹尼尔是一个非常单纯，忠诚可靠，绝对可以信赖的大好人。他毕业于纽约州立大学音乐系，主修小号和杜巴管。毕业后参加了美国陆军军乐队，曾去过在各国举行的奥林匹克开幕式和闭幕式，随军乐队驻军南韩三次，多次为美国军事庆典活动演奏。他从小就学习中国，韩国，越南和日本的武术，也热心学习佛教，阅读了许多各种各样的书籍。对全世界各国的政治，经济，文化，地理和历史都有自己的见解。

写到这时，我俩已经结婚 13 年了。

他对我的爱总是那么纯真，执着，深沉，我的一句话，一个动作，他都听在耳中，看在眼中，记在心里。即使他多累，多么有想法，也是一丝不苟的去完成，去实现。他对我的爱就像太阳一样炙热，好像能把你融化。他对我家里大大小小人的爱，也是发自心底，没有一点装饰，那么真诚动人。我经常觉得他是水，我就是水中的一条鱼；他是一个大海，我可以在里边畅游。

命中遇见他真是不可思议，我的生活中已经有过两任与我相亲相爱的丈夫了，我怎么会有这样一个不能说十全十美，但也是打着灯笼难找的第三任爱人呢？

前边提到我 2001 年开始在国防语言学院中文系工作。丹尼尔是从美国东部搬到加州蒙特瑞要塞被招聘为法律办公室主任。虽然我俩工作地点都在蒙特瑞美国陆军基地里边，但不属于一个单位。我属于学院，他属于卫戍区。

他一进入蒙特瑞要塞基地当律师办公室的主任，就开始询问当地有没有教太极拳的老师。因为他从小就喜欢中国武术，前前后后曾经在纽约州上高中时跟越南武术师傅，在旧金山时跟南韩，日本和中国武术师傅，在佛吉尼亚跟美国武术师傅，等等学过各种不同的中国，日本，南朝鲜功夫，在韩国时也跟武术师傅学过。总而言之他的最大爱好就是东方武术。一位在基地电脑办公室工作的美籍泰国人告诉他：“中文系的 LiLi（他不太清楚我的英文名字是 Lydia）就教太极，你去找她好了”。丹尼尔找到了我的办公室，三次我都不在。第四次，我们见面了。他说要拜我为师，跟我一对一学太极拳。我很惊讶，这么一位身强力壮的中年人，怎么会拜我为师呢？况且我也不是太极拳师傅，只不过我喜欢武术，在高中时参加过武术班，后来在不同的困难局面下用练太极拳排除我的沮丧和孤独，来美国以后在不同地方也表演过，教过 24 式太极拳。现在在社区大学周末教太极拳也是爱好。我跟他说我不是武术师傅，只不过是爱好而已，我也没时间收单个学生，如果他想学太极拳 24 式或 32 式太极剑，可以等春季开学时去社区大学报我的课。

丹尼尔问我在社区大学开学之前能不能到我办公室来先跟我学学。我看他那么心切，就说好吧。那是 2002 年的秋天。

他常常跟别人说起他初次与我见面的场景："我找到 Lydia 的时候，她带着一顶帽子，因为是加州蒙特瑞的 Indian Summer，天气很热。她突然把帽子摘下来了，同时笑着说：'我是一个尼姑'。我看到她没有头发，我的心里一颤：她一定在做化疗！因为我的二姐得了乳腺癌，经过了化疗，那年刚刚去世。我被 Lydia 的豁达和乐观震惊了。我知道化疗带给人的痛苦，可是她不顾自己的煎熬，反而怕我难为情，还跟我开玩笑。这是一位多么坚强的让人落泪的女性！我当时就想，我可不能跟她学太极，她一定会离世的。可是不知为什么她就象一颗磁铁，不可抗拒的吸引着我。我刚开始做律师办公室主任的工作，不熟悉环境，每天千头万绪，也无人请教，弄得我焦头烂额。我就跑到 Lydia 的办公室，跟她请教太极动作。她站在教室前面的走廊上，指着蒙特瑞海湾说：'你看我们能看见蓝色的大海，翠绿的松柏树，在这样的环境下工作，多幸运呀'！我又是一惊：她患了绝症，面对死亡，经历着人难以忍受的化疗，应该没有笑容，十分痛苦，愁眉苦脸，可是她还这么活泼开朗，看到了生活中美好的东西。我一个健康如牛的男子怨天忧人，远不如她。。。"丹尼尔对我肃穆起敬。

后来，丹尼尔去蒙特瑞社区大学（MPC）报名参加了我的太极班。

我在社区大学周六上午教的太极班，每学期报名的从十几个人到三四十个人不等。其中有十几个人每学期都报名，对我的教学方法和性格十分肯定，他们渴望上课，并愿意和我在一起的共同心愿无形中形成了一个小集体。每周六的上课好像不够，于是我就加了一次不收费的太极练习，每星期天早上大家或聚在市政府外边的走廊上，或聚在卡迈尔的海滩上，一起练习我交给他们的 24 式太极拳，气功，太极剑。然后我们一起去中国餐馆吃午饭。

节假日时我和金请大家来我家聚会，学生们给我过生日，后来发展到在不同餐馆庆祝每个学生的生日。最让我感动的是我在做第二轮化疗时，他们组织了一个聚会，祝愿我早日康复。丹尼尔也是其中的一员。我也带着他们参加了在各种不同场合的太极拳和太极剑表演。我们就像一个大家庭。丹尼尔对我和金非常敬重，也经常跟金倾诉工作中的困惑，金劝解他说，你的压力是从上边下来的，因为你们那里是一个军事组织，一切都只能听命执行，严格的纪律不能灵活，想想你的一层层的领导，他们每天得有多少命令从上边来，他们肩上得有多少压力，到你这可以说是最轻的压力了。一次丹尼尔说，你俩把我 adopt(把我收养) 了吧。他显得是那么单纯可爱。我们都笑了。

我每次中午走路回家吃饭的时候，路过他的办公室，他经常走出来说，我跟你走一段吧。跟我走到基地大门口，他就往回走了。五六分钟的时间里，他跟我诉说家中的麻烦事，妈妈的病，爸爸的焦急，女朋友的脾气等等。我就像大姐姐一样帮他分析，劝慰他。几年过去了。他就像我的小弟弟一样。

那时我们老师们用的都是带 CPU 的电脑，搬一次办公室很麻烦。除了填工作申请表，搬动机器，还要连线，还要等学校启动电脑插口，有时两三天都用不上电脑。我被调动的次数最多，因为亚洲院院长说，哪里缺人送 Lydia 去我都不担心，她和谁都能相处，学生也喜欢她，她工作认真，不会敷衍了事。。。我还能说什么呢。可是频繁的临时调动给我带很多不便。丹尼尔对电脑很精通，我一打电话，他当天就给我把电脑搬到新办公室，不到一个小时就都装好了。

我们学校的许多老师并不认得丹尼尔，可是“Lydia 的太极拳学生对她可忠心了，随叫随到”的话语已经传开了。蒙特瑞连一个中国商店都没有，更何况中国文艺演出了，那个年代什么网站都没有，要想买点中国烹调的食疗，看中国节目就得到旧金山湾区去。我是个中国文化迷，一有什么中国来的演出，如云南歌舞团，苏州昆曲牡丹亭，中央乐团，芭蕾舞剧大红灯笼高高照，舞剧“梅兰芳”，话剧“赛金花”等等，那我是一定不会放过的，约上几个朋友，买好了票，兴高采烈地前往。老师们都有车，每天可从家开到学校上班，可是真能开出蒙特瑞的老师寥寥无几，因为大家都是大学毕业甚至工作以后到的美国，成了中年人后才开始学的开车。从学校到湾区单程两个小时。每次我问丹尼尔想不想去的时候，他总是说，我也没有 social life（社交生活），我愿意去，同时我也可以帮你开回来。

于是周六下了太极拳课以后，我就开着我那可以做 6 个人的林肯大轿车，奔向剧场。一路上我们说说笑笑，演出前到大华 99 中国商店采购一大通，回来前再到中国餐馆大吃一顿，丹尼尔总是帮我开车回来。金在家里放心地看他的电视，画他的画。那几年我又迷上了京剧，参加了票房，有演出的时候，金受不了京剧的响亮锣鼓点，更受不了那高昂的京胡声音。另外开车出去几个小时对他来说也太辛苦了，我就请丹尼尔跟我一块去，他好像是个跟班似的。我俩的关系很融洽，很自然，我觉得我就像他的妈妈，姐姐，当然还是老师。至于他是怎么想的，不管你相信还是不相信，我从来没想过，也没问过。我和金就拿他当个忠诚的学生和小弟弟，很感谢他的帮助。

在此我想添写几句：2002 年我的癌症转移后，由于我的二外甥田汶树从中国寄来了灵芝孢，学生们的爱戴，朋友们和同事们的祈祷与支持，金先生的爱心和丹尼尔的陪伴，一年多以后我就战胜了癌症，恢复了健康。我终生难忘，永世铭记。

几年以后，我的两个太极拳学生分别跟我提到了丹尼尔对我的情感问题。因为丹尼尔太痛苦了。他实在忍不住了，就分别跟这两位他信任的女士吐露了几年来他深深爱上了我的秘密。她们给他的建议都鼓励他开诚布公地跟我谈谈，一位说，Lydia 一定不会怨你的，说出来你就不那么痛苦了，事情一摆到桌面上，就明朗了，也好相处了。另一位说，你俩还真是互补的一对，可惜她有一个那么爱她的先生，只好遗憾了。继续做朋友吧。

后来我才知道，丹尼尔拒绝了她们的建议，继续秘密地爱着我，他跟她们说，“Lydia 是个有威望的，许多人都认识并喜欢她的女子，我绝不能因为我而让她名誉受到损失。我对她的爱就是保护她，帮助她而且不让她知道”。我教太极拳的课是星期六上午 9 点到 10 点半。学校里没有别的课程。只有我一个女老师在上课。丹尼尔担心我的安全，就把车开到一个他能看见体育馆大门而别人看不见他的地方，上完太极课，他就躲在他的车里，一直等到我锁上大门，上车开走以后，他才离开。最让他伤心的是，我只拿他当个普通的学生，拿他当个小弟弟。“我对她爱的那么深，可是她从来都没多看过我一眼，每当她跟别的男学生谈笑风生的时候，我都特别伤心”，他对他信任的那两位女士说。还让她们发誓保密。那两位女士为他保密了好几年。我真佩服她们对丹尼尔的诚信诺言和高尚的品德。

2006 年夏，我终于听到了这些，一是惊讶，二是觉得真对不起他，我一直拿他当我的学生和小弟弟，请他和金到我女儿家过圣诞节，还到处给他张罗找女朋友。

在后来的时间里，我开始观察他，考验他，他真是一位君子！赢得了我的敬佩和信任。

金一次得了重感冒，到后来，留下了一个怪现象：每到半夜里，他就开始鼻塞，呼吸不畅，只好坐起来。看了医生以后，做了检查，发现他对墙里的苔藓和空气里湿度太高过敏。他说他得离开蒙特瑞，经朋友介绍，我俩在福利蒙市买了一个 manufacture home (就是一个在工厂做好的房屋，可以放在地上，当住宅，比买房子便宜多了) 那里庭院美丽，因为只限 55 岁以上的人居住，所以很安静。那里远离海岸，阳光明媚。他说他先搬过去，让我退休也搬过去。

我们只好分居两处。偶尔他回来一下。渐渐地，我俩之间的感情就不由自主地慢慢地淡下来了（劝告：夫妻千万不能分着住）。

丹尼尔还像以前一样，只要我需要，他没二话可说。帮我开车带我的女友们去湾区看节目，到中国超市买东西，他都尽心尽力。回来后帮她们把大包小包送到住所。他根本不知道我现在知晓了他心中的秘密，把我送回家以后，礼貌地说，你休息吧，我走了。有一次，我那被癌细胞吃掉一个洞的腰椎第五节，经过一天的劳累，两旁的肌肉又酸又痛。我说你能帮我按摩按摩吗，他说，好吧。因为他练过武功，上过紧急情况下怎么护理病人的课，也学过按摩，所以还有两下子。他认认真真给我按摩完以后，问我感觉是否好一点。然后像往常一样，礼貌的说，那你睡觉吧，我回家了。我非常感动，他规规矩矩，正人君子，我渐渐地在心目中对他油然起敬，感情也逐渐发生了变化。

爱情是什么？很难用语言来表达。当一个人充满爱情的时候，心中像有一座小火山，那火焰总是在燃烧，是无法扑灭的，也是无法控制的。爱情是一个境界，一个理想，落实在现实生活里，也是一个决定。在世人眼里，我年龄比他大十三岁，也没那么貌美，还缺了一个乳房，丹尼尔第一次见到我的时候，可以看出我化疗后脸上长了紫斑，眼睛也经常睁不开。

可是在丹尼尔的眼里，我是他的女神。

转眼就是2008年了。我和金已经分手了。我跟金分手是出乎我俩的预料的。因为我俩结婚16年，相敬如宾。带着楠楠每年都出城旅游。他的爸爸和继母（妈妈去世了）住在奥勒冈州波特兰，姨妈住在奥勒冈州尤金市，弟弟一家住在华盛顿州西雅图附近，他的两个极要好的大学同学也住在波特兰。我们三人过年过节都要到各家轮流居住，除了两个州的名胜古迹外，还游览了许多其他地方，如圣地亚哥，夏威夷，弗罗里达等等。生活是美好的，平静的。

但是生活中就是缺那么一点火花。他是一个忠于自己专业的画家，每天都有自己的生活规律，吃的东西不超过十样，每天除了到海边看船，回家画船，对其它都不感兴趣了。可能是年纪大了，也不工作了，晚上不到一两点是不上床睡觉的。耳朵里听不得嘈杂的声音，眼睛看不了脏乱的地方。所以我的票房他去了一次就跟我说，京剧鼓点震耳欲聋，再不能去了。我的活动，除非在我家，他也不愿意参加了。他爱我就像爱一个艺术品，十几年没有性的要求。我跟他分手后，告诉了我的几个太极学生，他们说，我们一点不奇怪，你俩早就是两匹马跑两条路了。

分手时的情景和场面是难以令人相信的。当我跟金提出我想跟他解除婚约时，他说，“是不是因为我搬走了”？还问我以后我们还会是朋友吗。其实我也是舍不得金的。因为他对我无条件的爱，他的善良，他的形象高大无比，怎么能让人离他而去呢。我知道离开他的痛苦将会是无法排怀的。我不由自主地走到他身边，我俩相互拥抱，两人都哭了。几分钟以后，我俩都平静了下来，他说的话我简直不敢相信我的耳朵。

他说，“我愿意你走自己的路，我俩不需要去法院，明天我到图书馆去影印一份解除婚约的文件。你我签字以后，我送到县办公室就可以了”。

没有任何人能相信金和我“离婚”的事情就这样不声不响地解决了。

当我告诉丹尼尔我和金办了解除婚姻的手续时，他气急败坏地跟我发了脾气，“谁让你办这个手续了？从此我就是罪人了，大家都会把我看成是破坏你俩婚姻的第三者了。。。”。我没想到丹尼尔是这种反应，我也很生气地跟他说，“这跟你没关系，谁说我要嫁给你了。现在我自由了，我想找谁就找谁。我们俩可以分手，你也不会背这个罪名”。但是我俩的感情已深深地扎了根，分手？谈何容易！

长话短说，我和金办了婚姻无效的手续后，我对他更加敬重，我去女儿家路过福利蒙的时候，还经常去看他，请他吃饭。至今为止我俩还保持着密切的联系。他还经常和楠楠及她的两个孩子通话，给他们寄去他的艺术作品。

2015 年他做了心脏手术，丹尼尔要陪我去看望他。最后我还是决定一个人飞到奥勒冈州照顾了金两周。虽然我们分手了，但是我们的情谊是永存的。这可能也是一般人不能理解的。

2008 年 6 月我和丹尼尔去湾区看望女儿一家，路过 GILROY 名牌出厂价的购物中心时，丹尼尔说他要买一双鞋，我建议回来的路上再买吧，他坚持现在就买。我说好吧。可是下了车以后，他把我拉进了 ZELLE（首饰店），指着钻石柜台说，你挑吧。弄得我丈二和尚摸不着头脑，就想我的生日快到了，也不至于这么破费呀。我把他拉到门口，问他是什么意思。他不好意思地说，我想让你挑一个订婚钻戒。我根本没有思想准备，也不知如何回答。后来那几个售货员围上来说，我们这里只见女士把男士拉进店来买钻戒，还没有见过男士把女士拉进店来买钻戒的呢。这也成了丹尼尔常说给别人的故事之一。

2008 年圣诞节，在好朋友瑞娜的安排下，我和丹尼尔飞到了牙买加

在牙买加举行婚礼

丹尼尔的父亲 Arthur Dieli 带我们去西西里岛，那是丹尼尔爷爷出生的地方。难忘的旅行呀！

的一个美丽岛屿。举行了一场美妙的婚礼。2009 年 6 月，丹尼尔的老父亲又带我俩去了西西里岛，算是我俩的蜜月。

虽然和金分手了。他仍然象慈父一样关心着我们。一样保持着友好的来往。当我第一次告诉他我在 dating Daniel (与丹尼尔约会) 时，我万万没想到他说的话，“那我就放心了。丹尼尔是个好人，多年来他一直照顾你，我可以不用担心你一个人在蒙特瑞了。。。”我惊呆了，世界上竟有这样大度善良的男人！他对我的爱，他那颗金子般的心给了我自由。我的朋友们几乎不相信金是这样的“大度”。不过有的朋友告诉我，他是个真君子。因为他爱你无条件，只要你高兴，他也替你高兴。我是多么幸运的一个女人！

他经常给我和丹尼尔寄来他的新作和节日祝贺卡片。这些年来翩翩飞来的生日卡片和节假日问候卡片都是他亲手做的，他的问候无论是给我的，给我和丹尼尔的或我的女儿，外孙，外孙女的，都是用他多年积累的艺术天才，他的爱，他的深刻的思想感情和关怀创造出来的。他送来的不是卡片，而是他的艺术天才，他看到的世间的美好，深刻的关怀和无私的爱。我也总是在他生日或过节的时候寄去礼物。我想告诉世界，亲人们，和朋友们什么是大爱，什么是伟大的情怀。

但当我有什么好事或成功之事时，我也会马上用电子邮件，或打电话告诉金。跟以前一样，他发自内心替我高兴。比如说，丹尼尔要去意大利工作三四年，我决定退休，跟他一块去。金听了以后说，多好的机会让你亲眼看一看欧洲的文化，悠久的历史和美丽的建筑。因为金是学习绘画，欧洲美术史的硕士生，当我俩在一起的时候，他带我参观各种博物馆，展览会，给我讲解著名画家的名作和他们之间的区别。我对毕加索和梵高的作品不理解，不喜欢，他就从历史背景和他们杰出的艺术天才来给我讲解。写到这里不得不告诉你们的是，前几周这些著名画家的画突然出现在卡迈尔商店里，表明是德国出产的头巾，美国出产的上衣。有的印在衣服上，有的用凯什米料做成了头巾，意大利达芬奇的，西班牙毕加索的，荷兰梵高的，法国莫奈的，雷诺阿的。。。我一下子就认出来了。不怕破费，我一下子就买了四件上衣，四条头巾。没有金当年的教导，我怎么会有这样的欣赏力呢。每穿一件在身上，我就会想到金赋予我的知识和艺术鉴赏力。我如今一直喜欢听当代的著名歌唱家，喜爱西方古典音乐并略知一二，也都是金的耐心介绍和谆谆引导。他是带领我走入西方世界的恩师。我的精神食粮的给予者。

我买到了一所理想的房产后，成交的当天，我就给他打了一个电话。感谢他我能有今天也是他的功劳，是他给我开拓的路，是他给我创造的机会。他除了高兴以外，还祝贺我和丹尼尔的成功。

下边写写丹尼尔的家吧。

丹尼尔的爸爸是纯意大利人，出生在美国的康乃狄克州，叫 Arthur Dieli（亚瑟 迪艾里）。学过法律，电脑，精通好几国语言。退休时是加州一个大学的计算机教授。我跟他相处了 11 年。我对他佩服的五体投地。

这位老人太博学了，也十分有教养，曾带我和丹尼尔去西西里岛旅游了半个月。见了 Dieli 家族的亲戚和居住地。他给我介绍了当地的历史，文化，建筑，宗教等。Arthur 于 2019 年 3 月 19 号在加州首府去世，享年 92 岁。弥留之际用惊人的毅力熬着，一直等到我和丹尼尔从意大利赶回到他的身边，他才离去。我从来都恐惧死人，就连我自己的爸爸妈妈去世时，我都不敢碰他们的遗体。可是不知为什么，我对公公病危，病故的遗体，一点没有怕的感觉，反而能够握着他的手，亲吻他的头额。丹尼尔的堂嫂对我说，“你知道吗？ Arthur 生前跟我说过，他特别喜欢你，非常看重你。他说你改变了他儿子的命运”。2013 年父亲带领五女儿萨箸全家来票房看我演出“霸王别姬”。我真是感动至极。

他留下的遗嘱中要求他离世时不办任何葬礼或追悼仪式。几个儿女都遵守了。丹尼尔心中十分难过。在遗体火化那天，我在旧金山湾区朋友家的阳台上，面对旧金山太平洋海面，我设计了一个只有丹尼尔和我两个人给 Arthur 的送别仪式：丹尼尔用小号吹了他父亲生前最喜欢的三首乐曲：第一首是是西班牙作曲家 Joaquin Rodrigo 撰写的 Aranguez（阿朗格其）。这首曲子是世界上最有名的古典吉他曲。第二首是意大利作曲家 Ernesto De Curtis 撰写的 Come Back to Sorrendo（回到索伦托）。第三首是匈牙利作曲家 Joseph Kosma 根据法国诗人 Jacques Prevert 撰写的 Autumn Leaves (秋叶). 这些曲子的旋律世界闻名。都表现了深深的思乡情怀。

丹尼尔吹小号时表情严肃庄重，充满了深情，吹出的小号声壮美悲哀，直冲云霄。我在冥想老公公那天上天的时候，一定听到了他唯一的儿子的独奏。丹尼尔的爷爷曾是意大利米兰拉斯卡歌剧院交响乐队吹杜巴管的专业演员。丹尼尔在大学专业是吹小号，但在美国军乐队一直吹杜巴管。我在听丹尼尔给父亲吹的三首乐曲时热泪盈眶。如果老公公还在世的话，一定会听的也是热泪盈眶，我可以看到他那微笑的满意的面部表情，为他的儿子骄傲。丹尼尔吹完小号后，我怀着深深的感情唱了在意大利学习的圣母玛利亚。我相信老公公一定听到了我们发自内心的声音。最后我俩打了三遍 24 式太极拳。记得老公公生前最喜欢看我和丹尼尔一起表演太极拳和太极剑。我俩用特殊方式向这位老教授告别，以慰在天之灵。

丹尼尔的爷爷出生在美丽的西西里岛。移民到美国东部康涅狄格州后，开了一个钢琴店。手巧的技能遗传给了儿子和孙子（丹尼尔爸爸的手巧极了，80 多岁时，他住的整个房间的瓷砖地板都是他自己一个人换的。丹尼尔也是什么都会修，我家需要修理的木工活儿，电工话儿，连我的首饰坏了，他都能修好）。他家的祖先并不是西西里岛人，而是意大利北部的一个名门望族。怪不得他越老越有绅士风度呢。

丹尼尔妈妈的家是纯爱尔兰人。很早就移民到美国东部。他的姥爷曾是美国五任总统任命的赦免大律师。丹尼尔的舅舅为美国政府工作，是外交官。先后在英国和法国任职。所以他的两个表姐一个嫁给了英国人，一个嫁给了法国人。我们住在意大利的时候，先后拜访了她们，受到了热情的接待。

丹尼尔的妈妈是最小的女儿。她长得太漂亮了，叫爱丽丝。她十几岁时的照片简直就像是一个好莱坞大明星，她和丹尼尔的爸爸是在乔治亚大学认识的，爱丽丝主修英文，亚瑟学习法律。丹尼尔跟我说过，他爸爸的作业经常是爱丽丝帮助打字，两人相亲相爱，结婚以后，一共生了 7 个孩子。我第一次拜访丹尼尔爸爸的那天晚上，亚瑟跟我聊了很久，他拿出了他收藏了一辈子的影集，一页一页给我介绍。其中有爱丽丝写的英文诗，当他给我朗诵他太太写的诗歌时，是那么深情，读到有些地方他还含着眼泪。我说她那么美丽有才华，你一定特别爱她，他说虽然她已去世了，可是我每天都觉得她就在我身边。我被他对去世的妻子的真情感动了。同时我也感到很欣慰，因为他是个坚强的意大利男子汉，在他儿女面前，他是不会轻易流露对妻子的怀念感情的，而能跟我这个新儿媳分享他内心的情感，我觉得很幸运。丹尼尔是唯一的男孩儿。他上边有三个姐姐，下边有三个妹妹。我们结婚以后，和她们关系都很好，来往也比较密切。后来我才得知，丹尼尔的父母除了抚养自己的 7 个儿女以外，还收养了一个越南孤儿和一个黑人孤儿。可见他的爸爸妈妈充满了对人的善心和爱心。

丹尼尔跟我说过，他们从来没有听见过父母吵嘴。爸爸从早到晚工作非常辛苦，妈妈照顾全家洗衣做饭收拾房间，对孩子的管教非常严厉。一次她让大女儿和二女儿把脱得满床满地的衣服收起来，几个小时以后，两个女儿还没有动静，她就打开窗户，把女儿的衣服都扔到楼下去了。从此以后，每个人脱下衣服以后，都会叠的正正齐齐的。丹尼尔是看在眼里，记在心上。

怪不得我和丹尼尔成家以后，他总是给我叠衣服。还嘟哝着说，不知你妈妈教给过你叠衣服没有。最让我哭笑不得是，有时我比他睡的晚，经常是看到他半夜起来把我脱下的衣服一件件叠好。更让我不得其解的是，我要洗的衣服，只要没放在洗衣筐里，他都叠好，放的整整齐齐。包括我们去餐馆吃饭，我把用过的餐巾团成一团放在桌子上，他都得把我用过的餐巾叠好放在餐桌上。有一次我忍不住了，笑着把我用过的又被他叠好的餐巾照了相。我说将来我出书自传时，我要把这张照片放进去。

虽然我无福见到我的婆婆，可是她的美丽大方，治家有方，聪明智慧，助夫教子的形象却深深地留在我的脑海里。

丹尼尔之所以有这么多特长和优点跟他的基因，家庭和前世有着密不可分的关系。我俩看来性格有天壤之别却走到了一起，真是不可思议。这难道这不是命吗？

刚听到的故事（2022 年 4 月 6 日）加写进来吧。

丹尼尔的二妹妹萨箬和她先生霍嘿昨天来蒙特瑞我家度假，今天我们四个人在蒙特瑞玩了一天，吃过晚饭后当我让萨箬看我写的家史和自传中的照片时，她告诉了我一件事。我想写在这里与你们分享。

当我谈到我很遗憾的我是没有见过她们的妈妈时，她说，“妈妈知道你”。我很惊讶地问，“怎么可能呢，我和丹尼尔开始谈恋爱的时候，她已经去世了”。萨箬说，“丹尼尔经常跟妈妈提到你。有一次我问妈妈丹尼尔最近怎么样的时候，妈妈说，他好像很喜欢他的太极老师。他老跟我说他的太极老师怎么怎么样，我真希望他们俩有一天能走到一起”。

我和萨箬与霍嘿认识有十多年了，我们经常在一起聚会，他俩都是歌剧演员，有两个漂亮的女儿，都拉小提琴，和我的外孙外孙女经常在一起过节。这是我们四个大人第一次聚会没有孩子们。也是我第一次听萨箬讲到他妈妈知道我的事。可见丹尼尔的心思妈妈早就看出来了。而她的希望竟成真，这难道不是巧合和天意吗？

小插曲 自行车前空翻加侧空翻之奇迹

说到命，在这里给大家讲一个我亲身经历的历险记。其实我写这篇自传时几乎忘了。还是我的“参谋”郭梅生女士提醒我并建议我把它写进去。

2012年我和丹尼尔在房地产专家“BAMBOO”女士的耐心帮助下，买到了一栋低于市场价的公寓，位置极佳，在PEBBLE BEACH（卵石海摊）里边。卵石海滩是世界著名的高尔夫球场大公园，里边有四个世界级的高尔夫球场，三个五星级旅馆，还有4530家住宅，人口9036，一半男性，一半女性，平均年龄65岁。绝大部分是白色人种。环境优美，都是松柏树，著名的17英里旅游线和旅游点都在里边。蒙特瑞历史悠久，1850年左右许多广东移民来这里定居，形成了一个中国华人渔业聚居地。他们扑捉鲍鱼和鱿鱼，女孩们出售从海边拾到的晶莹卵石作为装饰品礼品。蒙特瑞沿海华人们的成功受到了非华人种族的羡慕嫉妒恨，曾纵火烧毁了华人们的住宅区。使得许多华人不得不搬到旧金山。还未发表此文时，我看到蒙特瑞市政府市议员正式对116年（1906年）前这场大火承担责任，并向大火的受害者和他们的后人表示道歉以及受到半个世纪歧视的华人道歉。

当旧金山只有108个人的时候，蒙特瑞已是加州的首府了。所以我刚到蒙特瑞时，就爱上了这个小城市。那时还不知为什么，只是觉得这个沿海小城的味道特别浓，建筑，街道，风景，气候，甚至空气都对我有一种吸引力。能在这个离旧金山120公里，离洛杉矶320公里的沿海小城市居住，工作是一种福气，能居家在高档住宅区真是幸运。

不但17英里游是一个吸引人的项目，许多自行车爱好者周末到这里骑车兜风也是一大活动。我们窗前经常看到穿着五颜六色的自行车健儿们飞车路过。丹尼尔和我都会骑车。2013年10月13日是个星期六，也是重阳节。我心血来潮，提议我俩骑自行车在卵石海滩里骑上一大圈。穿上了新买的运动服装，拟好了路线，我俩就出发了。我在北京上班，旅游都是骑自行车。那种自由自在任我驰骋的感觉太惬意了。我曾与大学同学从小石桥的家骑到十三陵一天往返。大约 180 里的路。

在一个停车牌前，丹尼尔儿停下了等我。因为是拐弯加大下坡，车的速度有点快，我用右手捏了闸，忘记了那是前闸，当我用右腿偏身下车时，突然身体失控，还没意识到什么我的整个身体连自行车就向前翻了出去。还好的是那天在丹尼尔的要求下我带上了护头的帽盔。从自行车的前把的损害和我帽盔上凹下去的地方，估计是我在车上向前来了个前空翻后来被甩出去以后又来了个侧空翻。反正在空中我就失去了知觉。丹尼尔只听到啪的一声，等他回头看时，我已四肢朝天，仰躺在自行车的左侧，人已失去了知觉！

后来发生的事都是丹尼尔告诉我的。

他赶紧跑到我身边，正在不知所措的时候，开过来两辆车，一男一女，都停了下来，原来都是刚下夜班的护士。（丹尼尔后来跟朋友们开玩笑地说，Lydia 老是那么有福气，如果是我摔了，可能等我醒来了也不会有人过来）。他们马上叫来了救护车和救火车（在美国一出事情，救火车救护车都马上赶来）给我急救。我醒来了，问丹尼尔发生了什么事情，那位救护人员说，"Ma' am，you just fell off the bike"（你刚从自行车上摔下来了）。我说，"我没骑自行车"。还一句接一句的反复问，"丹尼尔我们在哪儿？我们在哪儿？"当时我的高压达到了 200，他们判断我可能脑部出了问题，当地虽说有个大医院，但没有头部创伤中心，就决定用直升飞把我送到硅谷圣荷西的头部创伤中心。这时我基本上已经醒过来了。听到直升飞机就在旁边，除了我以外只能坐那两个救护人员。他们让丹尼尔自己开车去。可能 20 多分钟以后。就有人把我抬下了直升飞机，送到了急救室。不知他们做了什么，反正我被送到病房时，马上就吐了。左大臂疼的厉害，里边撕裂的疼。最后的诊断是，嘴唇和手背擦破了点皮，没有骨折，轻微脑震荡。他们给我打了一针止痛剂，就听护士说，你的女儿在电话线上，原来丹尼尔马上给楠楠打了电话。我接了女儿的电话，告诉她我还好。她本来打算从湾区开车过来，还好的是她先打了个电话。否则家里先生出差了，

2 岁的女儿，7 岁的儿子还得找人照顾。这样她可以不用开过来了。

我刚放电话，就听到丹尼尔的声音，“Where is Lydia? Where is Lydia?”我已经看到他焦急的脸在找房间呢，我喊了一声，“I am here”(我在这儿)！他三步并作两步地走到我床前，看到我还好。叹了一大口气，详细地向我述说了他看到我躺在地上，失去了知觉以及后来发生的一切细节。他来医院前，还给他爸爸，二妹妹，楠楠各家打了电话。我说，你没必要惊动那么多人，让他们都跟着担心。他说，你不知道你当时多吓人哪，万一你出了什么事，我不知道该怎么办呀。。。

后来医生又观察了我一个多小时，交通警察也进来问了我许多问题，脸上表情还十分严肃，口气也很生硬，好像我犯了什么罪似的。我心想，他真是没同情心，我刚出了这么大的事故，但他好像根本不在乎，就像审问犯人似的。还好的是我的头脑还比较清醒，回答了他所有的问题，还签了字。他别的没说一句话，就走了。

我问医生我们可以回家了吗，高兴地听到医生说，可以了。如果有问题可以马上打电话。如释重负，丹尼尔高高兴兴地把我开回了家。

第二天丹尼尔到我工作的系主任那里，给我请了假。系主任也没有告诉任何人。这倒让我好好地休息了一个星期。

后来朋友们慢慢地都听说了我的事故。我的大表姐说，你太幸运了。那种摔法任何人都会是粉碎性的骨折。而你连一根骨头都没受伤。太奇迹了。

我感谢上苍，感谢菩萨，感谢神，感谢祖上积德庇护了我。让我大难不死。另外我也感谢多年来培育我的舞蹈老师，武术老师，体育运动老师，舞友和球友。正因为我平时非常活跃，灵活，反应快，所以在关键时刻没有摔死跟头。

总而言之，心有大爱，总是感恩感得，就会在一定危难时机，得到宇宙的保护和神的帮助。

第十八章

丹尼尔与病魔的拼搏

2022年7月7号 我刚过了77周岁一个星期后，在美国加州蒙特瑞“太平洋肿瘤中心”，美籍华裔肿瘤张医生破例让我们四个人（丹尼尔的大姐，二妹和我俩）进入了中心的一个会议室（一般只让一个人陪伴病人进去）。她打开了电脑，把丹尼尔6月16号做的CT扫描放到了银幕上，其实我6月30号和丹尼尔第一次见到她的时候，她已经让我俩看了CT扫描结果。然后她非常严肃地说：“我让丹尼尔6月30日当天就住院，7月1日活检的结果已经出来了”。

她指着银幕上的立体图像说：“你们看，他的胰腺上的两个肿瘤已转移到肝部的许多地方。我的诊断结果是胰腺癌四期病人 。癌已经转移到肝的大部分地方。如果不化疗，可以活1到3个月。如果化疗可以活一年左右。当然这只是中间数，可能会有点变化”。

顿时会议室里的空气好像都凝住了，死一般的寂静。尽管6月30号那天晚上，我告诉了曾是北京空军总院肿瘤科主任的大表姐关于丹尼尔住院做活检的前后情况时，她果断地跟我说：“我不用等他的活检结果出来，我已断定丹尼尔得的是转移胰腺癌”。但是现在听到张医生这么明了的回答，我还是感到震惊，哑口无言。

只见丹尼尔一句话没说，拿出兜里的手绢擦去了额头上的汗珠。

大姐和二妹问了张医生几个问题，没过几分钟我们四人默默无声地离开了“太平洋肿瘤中心”，直接开回了蒙特瑞卵石滩家里。大姐说，丹尼尔的病已到晚期，值不值得做化疗， 受那个罪，我们开会讨论一下吧。不知何原因，会一直没开成。她们姐俩忙着要离开。

这时张医生已安排好丹尼尔下周二开始化疗。不一会，她又打过电话来说，我想不要再耽误了，我已安排好下周一开始化疗。每两周做一次，一共要做8次。我感谢张医生的及时和果断。好像以前医生的耽搁有补救了，感到丹尼尔有救了，不禁失声痛哭了起来。

我知道丹尼尔从2022年5月份开始就感到肠胃不舒服，去看家庭医生时，那位老太太医生一直拖延着丹尼尔的病情。六月初做超声波以为胆囊有问题，结果没问题，6月10日做了核磁共振，发现肝上有两个小瘤，胰腺上有一个瘤，也没重视，又拖到6月16日做了CT扫描，放射科医生已经怀疑是胰腺癌，可是又拖到6月30日才找到太平洋肿瘤中心的张医生！一个多月的时间耗过去了！没给病人做任何治疗。这些都是医疗机制的问题。医生对于病人来说是生命的问题，有的时候是生死的问题。这个医生没有尽到她的职责。这些结果我都是后来从肿瘤医生那里要了病理检查结果才知道的。

见到张医生之前，我每次问丹尼尔能不能让我跟他一起去，他都不让我跟他去见那个老太太家庭医生，跟她要检查结果，他说检查结果都在那个家庭医生办公室，他手中没有（按照美国的医疗规则，不是本人是不能要检查结果的）。核磁共振和CT扫描结果报告，还是后来我跟丹尼尔第一次见到张医生时当面要来的。出乎意料的是那个老太太家庭医生竟然在6月27日突然去世了！大表姐听了这些以后，气愤地说："她是罪有应得！当时发现胰腺有问题，应该马上采取措施，怎么能让病人等了一个多月！我是医生还没退休前，见到这种报告，当天就采取措施。马上扫描。你们美国医生怎么能让病人等一个多月！这不是拿人命开玩笑吗？"

当然癌症不是一天形成的。丹尼尔多年来每天工作十几个小时（自觉无偿加班）。周末也经常去办公室无偿加班。这次他得了癌症，不得不休病假，并办理了退休手续，但他还是让我把他开到基地办公室用了三个多小时向他的下属职员交代他的工作。离开的时候，大家都出来送他。他跟我说："虽然我费了点力气，但是他们可省事多了。不会像我去年那样，我的上司跟别人生气不辞而别，尽管我们是上下级还是朋友，她没有跟我交代任何事情，弄得我抓瞎了好几个月"。我可知道那段时间他的压力，甚至吃睡不宁。看他现在这样为别人着想，我打心里对他油然起敬。"我党忠诚战士"的外号是我给他起的，我的许多中国朋友都知晓。写这些是劝告大家，命和健康比什么都重要！我目睹了我先生在当今世界科技这么发达，美国又是世界领先的科技国家里而日夜受折磨还要等待等待的残酷现实。一个医生的神圣职责是治病救人，病人对医生的信赖被玷污了。医生失职了。不知这样的事情还发生在多少人身上，我呼吁我们的社会一定要改变这种状况！

7 月 11 号到 8 月 8 号的三次化疗让丹尼尔受尽了折磨。8 月 11 号他告诉我，他已决定不再化疗了。20 年前我也曾是四期乳腺癌转移病人。2000 年得的浸润性恶性乳腺癌，2002 年转移到 7 处骨头上，包括一处在右头骨上。两轮化疗，每轮四次的滋味和副作用及恶果至今仍记忆犹新，一想起来就痛苦万分，不寒而栗。我太理解他的痛苦和决定了。胰腺癌又是癌中之王。治好的希望太渺茫了。可是不做化疗，就等于放弃治疗了。非常遗憾的是化疗对人体的摧残也是非常大的。与其他受了那么多的伤害和痛苦还不如当初一次不做。我思来想去，不得其解。一直到半夜 12 点多我怎么也睡不着，越想越悲伤，眼看着他日夜经受着痛苦的煎熬我又无能为力，很快可能他就会离开我而去。他病以后我一直还没有大哭过，每天忙着采购，给他做营养汤，带他往返于医院，化疗中心和药房之间，接待他 5 个姐妹的多次探望，担心着怎么和我那两个与他亲密无间的外孙外孙女张口告诉他们丹尼尔得了癌症，憋了几周的情绪这时像火山一样突然爆发了出来。我开始嚎啕大哭，眼泪像开了闸的河水。

我万万没有想到，丹尼尔是那么镇静。他拉着我的手说："不要这么歇斯底里。你忘了你曾跟我说的你在贵州的那个朋友告诉你的话，高兴时不要忘乎所以，悲伤时也不要大哭大闹吗。现在已经半夜了，上床睡觉"！我拉着他的手，又抽泣了一会儿，迷迷糊糊的真的睡着了。

8 月 12 日，大姐 Lisa 第五次从加州首府萨克拉门托来看望我们。她曾在美国陆军工作多年，做到少校就离开了。后来读了博士学位，当了大学计算机实验室的教授。她下边有五个妹妹，一个弟弟。爸爸妈妈叫她管理。所以她的能力极强。这天她又用了三个小时帮丹尼尔把他所有的账户，信用卡等等都转到我的名下，重新设计了用户名和密码。我和丹尼尔感激万分。

大姐每次来几个小时帮我们做电脑文件都借口肠胃敏感，不吃也不喝，让我十分过意不去。我跟她说我可知道丹尼尔的工作尽心尽意是从哪里来的了。因为丹尼尔不管做起什么事情，都是不吃不喝，一直到事情做完。我管他叫骆驼。大姐下午离开以后，晚上女儿一家带着鸡鸭肉菜和灵芝等来看望我们。前边谈到过，丹尼尔和我女儿一家非常亲近，尤其是两个孩子跟他无拘无束，他也打心眼里爱他们。我知道两个还未成年就会失去丹尼尔，看着他们亲热地在一起，不仅热泪滚滚，又怕影响大家的情绪，只好悄悄地走开偷偷把眼泪擦掉。

第二天 8 月 13 日，星期六，吃过晚饭后，丹尼尔让大家围坐在饭桌旁，手里拿着一本法定尺寸的黄本子，开始读他去年 2021 年 10 月 16 日（他的生日是 10 月 17 日）给每个人写的“告别信”。他一边读一边忍不住地抽泣。我们大家也不禁落泪。

他用铅笔写了一共 10 页。对每个人说的都是肺腑之言，语言是那么诚恳，意义是那么深远，心意是那么打动人。在信中他写了对每个人深邃的观察和感谢，他真挚的感情和希望，甚至抱歉。从丹尼尔的身上，我学到了什么是人生的真谛，什么是爱与善。人的美的不同是在灵魂。他特有的冷静和与病魔搏斗的坚强毅力一次又一次感动我到落泪。记得他肚子疼痛得厉害时，他还调侃地说：“我现在可知道一个女人生孩子的滋味了”。有一天夜里，他的疼痛又开始袭击他，（止痛药有效 12 个小时）他说：“Lydia, It is coming! Is it a boy or a girl”？(丽得雅，又来劲儿了。不知是男孩儿还是女孩儿？) 我苦笑地大声说：“It is a twin”！（是个双胞胎！）在病魔前他还是那么幽默诙谐，可见他内心的力量和定力。

自从 7 月 7 日丹尼尔被正式确诊转移胰腺癌四期病人以后，他的五个姐妹和我女儿一家轮流多次来看他，每次他都强打精神用 2 到 4 个小时不停顿地给他们或是拿着相册介绍他的军事训练故事，从参军到跟军乐队驻军南韩三次，到德国驻军，到海地支援，到跳伞训练，经过三次艰苦训练终于成为 Jump Master (跳伞大师训练员) 的过程以及参加特种部队的惊险事例；或是回忆他长大过程中在纽约州北部和华盛顿地区的故事；或是他跟不同武术师傅学习练功的故事；或是站在我给他买的佛龛前讲解密宗佛教和净土佛教的精髓与宗旨，介绍他请的每一尊佛像的名字，背景故事；或是拿着他读过的各种各样书籍中的故事跟“客人”讨论，甚至和“客人”一起看一段他喜欢的电视剧的情景，然后发表他的看法。我给客人沏的茶或做的饭菜都凉了他也想不起来让客人吃喝，我看着他成了“话痨”，既心疼他又替“客人”累得慌。但是我也被他这个“百科全书”的才能打动了。尽管有的故事我听了几遍，我还是替他高兴，他有精力，有兴趣，讲解他的“成功”经历。一扫过去对自己“一事无成”，“让他爸爸失望”，“是全家最没出息的”错误结论。

在这里我就不一一翻译他给我女儿每个人写的“告别信”的内容了。但是我会总结其内容，并把他们加进我的英文版的家世与自传中的。

他的标题是：

“Dan’s Prespective of the Chen Family”

“Thank you for allowing me to be part of your family”.

译文：

“丹对陈家的眷顾”。

“谢谢你们让我成为你们家庭中的一员”。

给我写的一封信，译文是这样的：

亲爱的丽得雅 欧森（李香辉）：

我这里引用了美国电视剧“考民斯基方法（Kominsky Method）里边的一段话：

‘我们作为丈夫和妻子已经13年了。在此期间，我从来没有不爱过你。我和你生过气，被你困惑过，甚至被你伤过，但是从来一直是爱你的。你就是我从一开始就要寻的那个女人’。

这是剧中人阿兰在他太太葬礼上说的一段话。

虽然这是另一个人物说的话，但是在某种程度上代表了我对你的感情。没有任何人能代替你。你就是我从一开始就一直寻找的女士。我知道我并不总是那么和蔼可亲，仁慈高尚，有时甚至是彻头彻尾的不友善和令人讨厌，但我不是有意的，那根本代表不了我对你的真实情感。那真实的情感是 -- 真诚的爱，深情的爱，幸福之感和安全与安保之感—而这些在遇到你之前我是一辈子都缺乏的”。

丹尼尔 签字 2022 年 8 月 13 日

我听着他读实在是忍不住了，抱着他哭了起来。小外孙女也抱着我俩。我的女婿暗示他的儿子从一开始就把丹尼尔读信的情景都录了下来.（我当夜就把他手写的英文打成了文字，留在了电脑里）。

丹尼尔读完这五封信后，已经筋疲力尽，他还说：“我觉得非常尴尬给你们读这些。但是是我一直想说的。我太累了，我去休息了”。

我和小外孙女送他回房间后，我俩进了院中的按摩浴缸。每次女儿带她来，这都是我俩最享受的时光。我不可理喻的是这些都是丹尼尔去年10月16日，他63岁生日的前一天写的，怎么去年他就有预感活不长了呢？望着黑黑的天空，我伤心地说：“彤彤，丹尼尔活不长了，我好伤心呀”。

这个十岁的小姑娘安慰我的一席话真让我大吃一惊，她说的那么自然流利，侃侃而谈，我简直不相信我的耳朵！她说：“姥姥，您不要伤心。丹尼尔是永远不会离开我们的。当他人离开我们的时候，他的精神和灵魂是永远和我们在一起的。我们再遇见他的时候，他会有一个新的更健康的身体。可能我们都认不出来他了。如果丹尼尔离开了我们，他是去天堂了。他不会再疼痛，会过着更愉快的生活。也不用交什么税了。他也会在天上保护着我们，会好好照顾我们的。他的精神和灵魂永远不会离开您。他会保佑我们免除任何危险的”！

看着她那天真美丽还微带着笑容的小脸，我简直目瞪口呆！我问她是从哪儿听到的或学来的，是不是去过教堂。她笑着说：“我没去过教堂”。我又问她是不是她的朋友讲给她听的。她说不是，没人告诉她，她就是这么想的。我把她紧紧地搂在怀里，任凭热水盆里的波浪冲打着我俩，任凭水中红，蓝，橘色的灯光一闪一闪地变换着颜色，望着深蓝深蓝的黑夜和周围摇逸的松柏树枝，我的心渐渐地安静下来。彤彤睡觉之前（只要我俩见面，她总是和我一起睡）跑到丹尼尔的床边，告诉了他她跟我在浴缸里说的话。

第二天一早我惊喜地告诉了我的女婿和女儿彤彤安慰我的事情。我的女婿对他的女儿说：“你现在把你昨天跟姥姥说的话都写下来吧”。我给了彤彤一张纸和一支铅笔，她站在我家一进门的桌子前，一口气就写下了让我惊讶的半篇美丽的英文文字。内容与我上边记录的一样。然后她走到丹尼尔身旁给丹尼尔看她刚刚写的。我急忙把她手写的秀气整齐的那张宝贵的一页拍了一张照片，存在了我的手机里。我一直担心的是孩子们会受不了，没想到的是她反而开导了我，安慰了我。

我的心平静多了。不管丹尼尔的寿命还有多长，我一定全力以赴，陪伴好他，每天精心给他做好营养汤，偿还他多年来对我的照顾和无私的爱！

丹尼尔知道他的生命不长了，他希望在生命的最后时光为我多做一些事情。这几天他还用惊人的毅力帮我清洗了车窗，修理好了我的耳环和拖鞋上掉落的一朵花。时不时地还出去打扫游泳池边的松树枝，甚至还把做饭的炉子里里外外擦得干干净净。有时还帮助我洗锅洗碗。我打心眼里佩服他，佩服他每天都在和疼痛拼搏，用佛珠念经，看书，看电视，有时还站桩，随时准备不怕离开这个人间世界的勇气。我默默地看着他，有时偷偷拍下照片或录像，心中的泪将会是我纪念他优良品质的源泉。

8 月 16 号，星期二， 丹尼尔二妹妹萨箸全家四口第二次来蒙特瑞看望我们（二妹妹自己已来过四次了）在丹尼尔爷爷和父母的熏陶下，他家六个女儿和一个儿子，个个都会一两样乐器。大姐经常组织家庭音乐会。丹尼尔将把他的小号送给萨箸。但是又怕她吹不好，于是就给她做了一个示范。我正在厨房给他们准备点零食，听到了动听的小号声，一撩开丹尼尔的佛堂兼电脑室，惊喜地看到是丹尼尔在吹小号！我马上找到了手机，把那动人的场面录了下来。

几年前丹尼尔曾经用小号为自己逝去的父亲送行。没有想到，这一幕又重现了。

丹尼尔拿起了小号，我仿佛觉得他这是在用号声为自己送行。

号声响起来了。他吹的曲子是俄国作曲家德米特里 肖斯塔科维奇的巴黎爵士组曲第二华尔兹圆舞曲，一只轻快的舞曲。一个四期胰腺癌病人，而且癌细胞已转移到肝的大部分地方，经过了三次化疗的折磨，他怎会有这样的气力和毅力吹小号呢？！

丹尼尔的号声是嘹亮的，断断续续的。号声中，我耳边又响起了丹尼尔几次跟我说的话："我的头总像塞满了棉花，耳朵也总是嗡嗡作响。感觉极不好。我要走了。等我走的时候，你们都在围着我哭泣。而我的灵魂已经出窍，我在天空俯瞰着你们为我悲伤，而我，会在天堂为你们祝福，保佑你们！"。

丹尼尔的号声是嘹亮的，断断续续的，带着圣洁与庄严，透着力量和希望，引领着我忘却痛苦，站在灵魂高处，融入生命的永恒境界。丹尼尔的号声在室内久久地迴响，在我们的心中久久地回荡，在夜色美国的上空久久地飘荡。

结束语

写到这里，我想我的家史和自传可以结束了。今年将77周岁的我，经历了风风雨雨，千辛万苦，摸了几次鬼门关，还在健康地活着。对我照顾的无微不至的丹尼尔是我坚强的靠山；我那家庭和事业都成功的出彩女儿是我的小棉袄，她相夫教子，有一个幸福的家庭；两个人生了一儿一女：我那十六岁的全面发展的外孙和我那多才多艺的十岁的外孙女是我的宝贝，给了我无限的天伦之乐。在中国我还有亲情密切不断的妹妹和十几个侄女，外甥，外甥女与亲朋好友们，我们可以天天视频聊天；在美国我有无话不谈的挚友们，与我共享美好时光或是纷忧解愁。尽管我有些老年病，但我还能做气功，打太极拳；每周跟中国第一代大春，芭蕾舞演员史钟麒老师练习芭蕾，享受我从小就喜欢的舞蹈；向难得的梅派出色教师包起龙先生学习京剧，沉浸在艺大精深的海洋里荡漾。我还有什么不称心，不满意的事吗。至于别人是怎样评价我的生活，尤其是与三任丈夫的结合，分手，怪罪也罢，鄙视也罢，嘲笑也罢，支持也罢，羡慕也罢，欣赏也罢，都不在我的思考之中了。有人问我哪个丈夫是我理想的丈夫，我说比较不同时期的丈夫是最不明智也不应该的。因为每个人都不是十全十美的，我的三个丈夫各有千秋，都是在不同的历史时期出现在我的生活里。他们是我生活中的金子，珍珠和钻石。我们度过了难忘的美好时光。他们都爱我，我也都爱他们。一辈子都感谢他们对我的无私的爱和呵护与帮助。我要把人世间最最宝贵的“爱“的情感奉献给世人。

十多年来王洁茜老师倾心教导我学习京剧。演出前王老师总是再辅导数遍，上台前给我化妆，给我把场，我的点滴成绩都是她的辛勤劳动。她教过我的戏码:贵妃醉酒、霸王别姬、天女散花、穆桂英挂帅，牧虎关等。

2021 年 10 月全家福
女婿请全家到旧金山吃巴西烤肉，给丹尼尔过生日
我的两个外孙外孙女给了我无限的欢乐。

经常有人问我，你觉得中国人和美国人之间有什么区别？我可以直言不讳地说，美国人透明，眼底和心底都很清澈，不会隐瞒的自己的想法，也不会被人说服而畏缩，他们充满活力，不停地寻找着人生快乐和幽默，绝大部分人心地善良，坦诚，助人为乐而且不指望任何回报。

中国人情意绵绵，家庭概念深重，很看重情谊，哥们姐们，相互帮衬，可能经过了太多的政治运动，不太敢任意表达自己，对谁都要打个问号。但思想中有很多框框，标准，他们中的很多人做人做事都期待回报。

总之，各有千秋。可以用上北京的一句话，萝卜白菜各有所爱。但是还有一句叫做：爱吃萝卜的不吃梨。迥然不同的人文、历史、音乐、文化、宗教、教育，薰陶，滋养着两个民族，让我们两个国家的人有很大区别，但是，好心人都是善良的，而善良的人是有好报的。

总结我的一生，在爱的面前我很渺小，我无法抗拒真挚的感情，一直被真情所主宰着。我始终在真善美的路上奔跑，却留下了伤痕累累，遍体鳞伤。我相信上苍为我安排了这样的人生是有原因的，我对爱我的人只有感恩戴德。

我的三位丈夫不仅是我的挚爱，也是我人生的导师。是他们让我懂得了什么是幸福，是他们让我懂得了什么是爱。他们是我生活中的阳光，是我生活中的雨露。

每个人都走在爱与被爱的人生轨迹中，无论如何都不是偶然的。应该学会用爱去生活，用爱去对待一切，让生活充满阳光。

我的回忆录《李家三姑娘的苦和乐》到今天算是写完了我的家史和人生，我好像完成了一件大工程。我的心犹如一股清澈的山泉，在山间千回百转，终于落到了平原，眼前就是那条宽阔的大河，静静地向大海流去，宽阔无际的海洋是所有人、所有故事、所有人生的苦辣辛酸、悲欢离合最终的归宿。我们唱了一辈子的歌儿，曲调不尽相同，但是都唱给我们的父亲，母亲、我们的家人、我们的挚友亲朋，这里有与自己度过相同岁月的同学、老师和同事。

回首往事，浮想联翩，难忘祖国、家乡和那里所有的亲人
活在当下，快乐每一天，直到永远。
我感谢在我生活中遇到的每一个人。
亲人们，我爱你们！

回到我现实追求艺术的幸福生活 – 京剧艺大精深 魅力无穷
2022 年 1 月为加州蒙特瑞华人协会春晚录制京剧“麻姑献寿”

附件一 缅怀恩师张荫余

外贸外语系 68 届（英一班）

李香辉（李崇俊）

2021 年 4 月 26 日美国加州蒙特瑞

1964 年 9 月 1 日，怀着兴奋的心情，我再次走进北京外贸学院位于北京鼓楼西大街前马场胡同里的那个大院，那里是我就读了三年的贸院预科所在。

几乎是蹦着跳着进了专科英一班的那间小教室，全班同学我都认识，本科英一班和专科英一班都是从预科六个英语班中挑选出来的成绩优秀的学生。我们专科一班是 8 男 8 女，一共 16 人（遗憾的是李宝峰和巨聪杰两位过世）。1964 年，全国从高中考入大学的比例仅有百分之三，入大学的学生都是佼佼者。他们毕业以后多年来大都成为国家各个部门不凡的人才。专科学生会主席，日语班的马树宽同学还升到将军，常组织专科同学之间和与老师的聚会。

当时国家急需翻译人才，贸院为此四处寻找合适的师资，建立了一个专科，三年毕业。当时是直升大学这些同学每人领到一张表，面临五年的本科和三年的专科，任由自行选择。但听说实际上是老师们采用了抽签，一个放在专科，一个放在了本科。

专科英语一二三班，也都是从预科升上来的英语学生，四班由全国各地学生中成绩优秀者组成，大部分是上海人。外贸学院唯一的这届专科，一共收学生 400 名，组成了 13 个英语班，2 个日语班和 4 个法语班，阵容极为庞大。实际上我们这批专科学生，在贸院呆了足足四年多，后来都以本科生外贸外语系身份补发毕业证书。这是后话，不提。

说回专科开课第一天，我们英一班 16 个同学都带着与我同样激动的心情，翘首等待着我们的英语老师。八点钟的铃声一响，只见一位身着海蓝色西服，戴着厚厚的一副黑边眼镜，右胳膊下夹着一个黑色皮包的绅士，精神抖擞地走进我们的教室。他大步走上讲台，从容地把皮包打开，用那深邃的眼光扫了全班同学一下，就开始用英语跟我们打起招呼来。他全部用英语讲话，我们这批学生没有一丝准备，忐忑不安地相互看着，有三两个同学小声地用英语回答了老师的问候。他说他叫张荫余，负责教我们英文课本和写作，我们还有专门的口语课，由一位梁献章老师承担。他们两位将负责我们这个班。另外，原预科主任李德滋老师负责我们语法课。

前不久我才知道，为了办好专科，李秋野老院长四处奔走寻找师资，到人民银行人事处发现了张荫余先生，请来贸院任教。专科很多老师都在那次转调过来如今大都过世了，留给我们这些学子的是永生的怀念。

那天台上的张老师讲话一句中文没有，全部是英文啊。他背诵着莎士比亚的名句，一段又一段。台下的我们云山雾罩，迷迷糊糊的下了课。到底别人听懂了多少，我也没问。反正我只听懂了大概一半，不过我还是在激动的状态中，又高兴又担心。

张荫余老师特别珍惜有潜力的学生，在我写这篇纪念文章时，又听到一个感人的故事：我们有一位同学虽然升进了大学，可是因家庭经济困难，他不想上了，打算去工作，好帮助家里。张老师听说了以后，亲自骑着自行车来到了这位同学家里，说服了家长，让儿子继续读书。就是这位曾经放弃上大学的同学，后来成了华润集团董事，兼零售集团的总经理 --- 陈震宇。

当时张老师去他家的时候，他还不认识这位中年老师就是给了他无限美好回忆，教了他许许多多地道英文，让他倾慕了一辈子的张荫余老师。

陈震宇还跟我说，张老师真的可谓桃李满天下，他的学生在美国、香港、加拿大，许多国家都有。张教授教学中与同学相濡以沫，结下了良好的师生情，以至晚年走到哪里都有学子。他受到了亲情般的接待。很多同学都珍藏着他们与张老师的合影照片。

确实如此，例如，我班王淑绵同学，居住在美国阿肯色的小石头城（U.S. President Clinton’s home town），就接待过张老师一个星期，带他游览了当地的名胜古迹。魏子斌也曾在兰州热情招待过张老师夫妇。。。。

我家在小石桥11号故宫博物院宿舍，与预科男生及教职员工在同一条胡同2号的宿舍大院仅一箭之遥，几位任课老师的家都很近。虽然我家祖辈是正黄旗，但没有一个上过新中国的大学。我现在不但是一个高等学府的大学生，而且还被苗俊卿主任任命为英一班班团支部的组织委员和班委会的文艺委员。我下定决心，好好努力，光荣耀祖，毕业以后当一名高级翻译。

进了大学开课以后，我们的脑袋里好像有了一只上足了弦的时钟，没有停的时候：无论春夏秋冬，每天六点起床 --- 跑步到后海 --- 大声朗读英语 --- 背单词背课文 --- 回校吃早饭，上午四节英语课 --- 下午三节英语 --- 都是“听说写读”，跟侯宝林讲相声的四大功课一样，挨着排儿地练。体育往往在下午，集体跑步到小石桥老师宿舍院里的操场，做各种体育锻炼。在大食堂吃完晚饭后，走回教室上晚自习，主要是听英语录音，晚上十点熄灯。日复一日年复一年。就跟当了兵成了名战士一样。下课以后不准随便离校，星期六下午才可以回家，但次日星期日晚七点以前，必须返回到学校上晚自习。

离校不管家远近，都得住在学校里，我们16个人已经习惯了，因为15、6岁上预科的时候就必须住校。不同的是，我们现在晚上自习不是做各科的作业，像语文，英文，代数，几何，化学，物理，历史等课程。而只是听英语录音。

最难的是，老师不发书，没有生词表，没有课本，也没人告诉我们文章的内容是什么。两个小时下来，仍有很多句子听不懂。第二天张老师或梁老师一上课，就开始提问。回答不上来好尴尬呀。他们倒是不生气，一遍又一遍地用不同的方式再问。我是比较勇敢的一个，经常举手。我根据自己的理解，回答问题，有时不对，可是老师不但不怪，还很高兴。就这样，我的胆子越来越大。有一天，我突然发现：开学时我的那种担心慢慢消失了，听老师用英语讲课变成了一种享受，说英语也变成了一件趣事。

张老师不是每天都那么绅士的派头精神焕发的样子。他的情绪会发生变化。有时他穿一身褪色的蓝色劳动布的衣服，脸上没有一点笑容。我们不知道他的过去，只好莫名其妙地低声说话，谁也不想触怒他。

后来他的教学成果出了名，有一次，他告诉我们学校通知他上大课，全国各地的几十位英语老师要来听我们英一班的课。他叫我们跟平常一样，不要紧张，只是要我们换到一个大会议室去上课，叫我们统统坐在前排，全国来听课的老师坐在后面。其实我看他倒是有点紧张。不过我们都和张老师建立了友好融洽的关系，大家都会尽最大的努力，给他争光。那次大课上得非常成功。张老师的名望也建立了起来。

二年级的时候，贸院西郊的英二一班（他们在本科被称为“小红花”班）和我们专科英一班的几个同学，被学校通知去参加出国留学进修考试。听说有军人、教师、在职的、高年级的、已经毕业的，各行各业的考生。考试的结果我也听说了：在所有参加考试的选手中，口语第一名是本科英一班的王冰生，写作第一名，是我们专科英一班的陈震宇。

两个尖子班的学生都是预科升上来的，彼此认识，并没有争斗，可是张冰姿和张荫余，都姓张的两个老师却在暗中较上劲。总算老天有眼，让各自班里的一个学生出了彩。往大了说，年龄小小的在校生，超过了比他们年长的哥哥姐姐，证明“听说领先”的教学方法颇有成效，这就足矣，够了。

不过，这次考上的都没去成，文化大革命爆发了。

暴风雨横扫中国大地之前两年多的紧张而又愉快，充满挑战性，按部就班顺理成章的学习生活，在我的一生中留下了不可磨灭的美好回忆，也给我未来的外语工作铺垫了一个良好的坚实的基础。

同学们从开始不敢开口，到可以流利地用英语表达自己想表达的思想。且不说上课只说英语，就是课后，在宿舍、在食堂、在操场，等任何地方，大家张嘴都是英语。张荫余和梁宪章两位老师就像两位辛劳的花工，把我们这 16 朵鲜花培养得枝繁叶茂，鲜艳夺目。

我们全班和两位老师曾经去香山爬鬼见愁，去北海公园练口语，老师们的英语出口成章，我们的英语流利欢畅。大家开着玩笑，满满一路的欢歌笑语。最珍贵的是还留下了一些可贵的照片，至今珍藏在各家的相册里。

我每天沉浸在学习英语的乐趣中。有时课间偷偷跑回家几分钟，享受妈妈的温暖，与侄子侄女外甥们嬉闹，也不忘告诉他们专科班上的各色故事。

但是好景不长，美好的学习生活嘎然而止。随着中央人民广播电台播送北京大学聂元梓几人写的大字报的严肃声音，全校顷刻间乱成了一个闹市。我本想照样去教室上课，一个同学严厉地呵斥我，“你还想去上课？不看看现在是什么形势啦”！

至于文化大革命中的许许多多事情，我这里也不想多写。我们平常相亲相爱的 16 个同学，因为观点不同分成两派。张，梁两位老师也不来上课了。全校的同学像无头苍蝇一样，每天各奔西东，也不知道各自在做什么事情。实行了大串联以后，相互更是杳无音信，可能在全国各地“闹革命”吧。

到了三年级，不知什么原因，400 个专科同学（当时有 13 个英语班，四个法语班，两个日语班）都被通知，从市内的前马场胡同搬到西郊的车道沟本校。我很不愿意离开离家很近的校园，搬到郊区，远了几十倍。转而一想，又可以和本科外语系英二一班，英二二班的原预科老同来往相聚，也是一件乐事。那两个班里有好几个是我的闺蜜和髮小呢。

长话短说，大串联结束了，我们每天要集中到教室学毛选或开会，听什么最高指示之类的传达。张梁两位老师不见踪影。可能他们都被关进牛鬼蛇神棚，在学校的某个角落打扫卫生。

我也没回学校（在这里特此感谢当年我们班造反派同学没有一个人找我的麻烦）。

第二天，从家出来沿着小石桥向东走去买东西。突然，发现前面有一个人推着一个两轮的煤车朝我走来。那个人带着厚厚的一副眼镜，啊，那不是张老师吗？我暗下决心，等我俩走近时，我要叫他一声张老师，您好，让我的招呼给他一点安慰。可是当我俩越走越近的时候，他猛然把头转向墙边，天哪，在他转头一霎间，我看到了他的脸颊不但是紫色的，而且都肿了。一定是昨天在批斗会上，有人抽了他的脸！我的眼泪一下子就涌出了眼眶，心痛的像刀割一样。他扭过身子用力推着车向前走去，像没看见我一样。

张老师你为什么不给我一个机会，让我叫你一声呢。

多年后，在意大利，我和一位美国邻居谈到这件事，我说当年老师可能不想让我看到他那尴尬的脸，他说："我觉得，他当时还是为了保护你"。我的上帝啊，我怎么从来没想到这一层呢，我的眼圈湿了，心里好感动。

后来的几十年里，我与张老师多次见面，我一直没有勇气谈及当年我俩在小石桥胡同里面对面错身而过的事。离开中国来到美国读英文写作课时，我曾经把这段往事写进一篇短文。老师给了我一个 A. 她还说，怎么也想象不到你的老师竟然遭到了那样的"待遇"。

那天的批斗大会上，好几个老师都被打。打张老师的都是外班的学生。我们英一班两派没有一个人动手。

如今，张老师已做古四年，望您在天之灵，能知道我当年对您的心疼、同情和敬佩。这样的事，天堂永不会发生了！

多年后，同班的李宝昌同学告诉了大家一件事，他说，马上毕业离校那几天，在厕所里碰上张老师在打扫卫生。看着自己的恩师，他多想说一句"张老师再见"。可是他不敢说，张老师也不抬头，李宝昌一直看着他，心里说：老师，再见了。他哭了。

还有一次，好多年后，李宝昌从所在的进出口银行退休，单位组织老干部参观国家印钞厂，那里就是张荫余老师生前到外贸学院教书前的单位，就是在那个特殊的工厂，张老师被打成了右派。李宝昌杨着脖子在院子里大声喊：张老师，您不是右派，我们大家现在给您平反了。

我们是张老师从教当了大学老师后教出的第一个班，那段时日也是他可以放开手脚施展浑身解数，在他从小酷爱多年的英国文学领域，游刃有余，任性驰骋的日子。所以多年来他与我们这批孩子的感情最为亲近。老话说一日为师，终身为父。他的眼里，我们就像他的孩子。

在老师晚年时，我们的老班长曾多次组织班友们去朝阳庵及小汤山公馆看望老师，就像是看望自家的老人，每次去他都高兴极了。尤其是在2013年，老师90大寿，我班12名同学齐聚北京在顺风餐馆总店举办了“庆祝恩师90大寿聚会”，老师和国内外子女亲属近30人参加。学友们纷纷吟诗或唱京剧或发言，表达了对恩师在校时执教、毕业后关心的感激之情和心灵互动，成为我们与恩师都永不能忘记的喜悦的聚会。这样的活动在经贸大老师中也是鲜见的。我那时还在美国大学教书，请不下假来，没能参加那次盛会，一辈子遗憾。“张荫余老师不愧是一位真才实干、爱国爱学生的不凡的恩师！”这是我班一位同学对他的评价，我们都这样认为。

再回到1968年，毕业分配名单公布了，我被分派到电子工业部，再往下看，像被雷击了一样：贵州凯里凯旋机械厂！凯里是什么地方？听都没听说过，只知道贵州是老年间充军发配的地方。

在贵州6年期间，我每年都回来探亲，好像是72，73年的样子，我回北京后，特别想看看老师们，听说老师们搬回前马场住了，我就走进了我熟悉的校园，打听到了张老师的住处敲门而入。几年不见，他老多了。一见到我，他喜出望外，马上说我的大女儿也到农村插队去了，今天回来，你别走了，我做西餐给你们吃。正说着，他的大女儿回来了，只有十几岁。我去山东炮兵农场接受再教育时已经23岁了，有工资，有炊事班的战士给我们做饭吃，还觉得苦极了，张老师的女儿是插队，那要自己照顾自己，他得多心疼啊。我多想和张老师多聊聊，可是我怎能占用他和女儿团聚的时间呢。我客气地说，谢谢您，我还我有事，以后再来看您。

后来的几年里，我们又见过几面，直到我调回北京，到外交部下属的北京市外交人员服务局工作，我们之间的来往才越发密切起来。有一次他骑车到我在美国驻中国大使馆工作的商务处来看我，兴奋地跟我说，现在他的学生都在重要的岗位工作，看得出来他心里高兴极了，并且告诉我谁谁在哪儿工作，有的当了部门经理，有的当了总经理，有的当了处长，有的当了局长等等，看着他脸上那开心的笑容和那厚厚的眼镜下面的骄傲自豪的神情，我很感动。他精心栽培的苗苗现已长大，开花结果，好像没有任何事能让他那么开心，张老师又活过来了！

长话短说，1987年夏天我移居美国，先在旧金山州立大学做访问学者，后来住在美国加州最北部的一个海边城市，叫月牙城。由于各种原因，我带着女儿与一个美国人成立了新家庭。我也在“汉伯特大学”读完了英文写作和英美文学硕士学位，被当地的社区大学聘请教英文写作。张老师到东岸看完他的孩子给我来信说他要到加州看老朋友，可是老朋友临时出门了，问能否在我家呆两个星期。我高兴地答应了。

回想我们毕业时正当文化大革命，没有成绩单，我想去美国大学读硕士，必须提供大学时期的成绩单以及任教老师的推荐信，我只好向张老师求救。他找到预科和专科主任李德滋老师（后来我2018年9月回校参加毕业50周年庆典时，才知道当年张老师还找了孙维炎校长，孙维炎校长那天也来参加了庆典，老天爷给了我当面向他致谢的机会），他们不但给我补了成绩单，还写了很有力量的推荐信。有了这些材料，我得以顺利地进了“汉伯特大学”硕士班。

现在张老师要来我家住两周，我喜出望外，多么难得的机会，叙旧往事，回忆青春年华，好好招待他，感谢他！

在我家的两周里，平静又不平静，我惊异地发现，我根本不了解张老师。我从不知道他吃过那么多苦，受过那么多罪，承受了一般人难以承受的苦难！我也不知道他是否向任何其他人诉说过他那非人的遭遇和心中沉重的压抑，还有许许多的无奈，失望。

听了他的“故事”，我大受刺激，对他越发地敬重。我看到了我从来没有看到的张老师的另一面。以前只知道他英文地道，写作一流，英文出口成章，情绪有时上下起伏，性格诙谐幽默，没想到他上过天堂也下过地狱，命运是多么会和人开玩笑。但归根到底，他是一个心如磐石，洞察世界入木三分，又能顽强地承受体力上和心灵上的一切痛苦的一名坚强铁人！

我当时所在的北加州的历史背景很悠久。月牙城曾经是一个林业和渔业发达的沿海小城市，一共三千人左右，城里人几乎都互相认识，全市原来只有八个中国人，加上我和女儿一共十个。那里也有著名的原始红木森林，每年夏天都有很多游客到哪里宿营，游览。一个晴朗的早晨，我和张老师驶进红木森林，停好了车，我说，我带您游览一下这著名的原始红木森林吧。听说世界上只有两个国家有原始红木森林，一个在这里，另一个在中国。他说太好了，我能走路。我们沿着早已开拓出的小路，缓缓而行。差不多 20 来分钟吧，我建议在路旁的木头长椅上休息一下。无意中，我问起他怎么出国留学，又为什么回来。这下子可把他的话匣子打开了。

他说，你知道荣毅仁吧，我爸爸的产业比他大多了。我父亲叫张铁生，他在英国的 Lee’s University 学了纺织印染，拿到了毕业证书，1918 年回国。其实我们家不是上海人，祖先是江苏泰兴，我是出生在上海的。我爸爸回国后看到了上海才是他用武之地。他曾经在清朝大臣李鸿章开的纺织印染厂当总工程师。后来他创办了自己的工厂，最多时他拥有 7 座染织厂，雇用了 7000 多个工人，绝大部分工人，都是他老家的亲朋好友和老乡。我父亲靠着他的技术、精明的管理和海外的关系，事业越做越大，挣得钱也越来越多，他买下了一座德国式的三层洋房，房前还有一个网球场，他有三辆汽车，三个司机，三个厨师，我和哥哥都有自己的保姆，后来我妈妈又生了 4 个孩子。我就是在这样的环景中长大的。

新中国刚成立的时候，我爸爸去了香港，他不相信新中国。陈毅付总理写信请他回来，他都摇头。他说我和哥哥 1947 年就被我爸爸送到英国去留学。他让我们学工科学印刷，我却对莎士比亚十分感兴趣，偷偷地跑出去上人家的莎士比亚课，里边的很多名句我都倒背如流。爸爸知道了以后十分生气，断言道，如果不改过，就断了我的经济来源。我只好硬着头皮回去上印刷课了。听说新中国成立了，我哥哥激动极了，马上要回国参加建设新中国。我哥俩路过香港时，爸爸劝我们别回国，哥哥不听，非要回来。

我违背父亲的劝说，违背我自己的意愿，服从了哥哥，回到上海。我们家几个弄堂的房地产和工厂都被政府收去了，妈妈和我的四个兄弟姐妹挤在一个地方住，后来我们被通知我们的房子要让给工人家庭住，我们没地方去，只好去苏州的亲戚家。

我说那您为什么不听父亲的话呢，张老师说，你知道我为什么同意回国吗，因为那里有我的初恋，我爱上了我的表妹——我姑妈的女儿。我是为她回来的。没想到她让我失望。

我急着要见我的表妹，没成想，她说要赶去参加庆祝十月一号国庆节的游行，而且教训我，要拥护中国共产党，报效祖国，一顿夹枪带棒。你想我怎么能接受她呢。我又伤心又失望。当一个人失望到极点时，就会做出错误决定。男大当婚女大当嫁，我那时已经28岁了，后来就选了上海的王小姐，你也认识的王老师，跟她结了婚。

王老师长得很漂亮，可是她是家里最小的，不太会做家务，孩子们出生后，她不爱带孩子，孩子在床上哭，她也不管，还是弹她的钢琴。我得照顾孩子，最让我为难的是她与我妈妈的关系紧张得让我透不过气来。你说没感情吧，也不是，你说关系好吧，也不是。我们一共有了四个孩子，两男两女。还好的是我在中国人民银行找到了工作，因为我学的专业是印刷，又是从英国学成回来的，所以被定为高级工程师，工资还不错，我可以养活全家和我的妈妈及弟妹。但印人民币是个秘密级的工作，他们是不信任我的。当他们发现我父亲偷偷从香港托人给我们带钱过来，就怀疑我可能是个外国间谍。陈毅市长曾亲笔给我父亲写信，劝他回大陆，他拒绝回来，一下就把他定为“资本家兼反革命”。你想想，我还能有好日子过吗？

没几年到了1957年，毛泽东让大家大鸣大放，我这个满腔失望，怨气冲天，又对政治无知的“知识分子”，跟许多政治上“幼稚”的人一样大鸣大放，跑不掉地被定为“右派”。先是把我送到山东一个砖窑场劳改，后来又把我送到内蒙古继续劳改。

张老师说到这里，突然大声喊叫说，“你知道一个人被放到大草原上没吃没喝，也无人跟你讲话的滋味吗？！”我从来没见过他这么“歇斯底里”，那张绝望的脸和厚厚眼镜后边睁大的眼睛，把我吓了一大跳，我不知道该说什么，他用更大的声音喊道，“那是要把人逼疯的！”

原始红木森林里，一个人也没有，只有他的呐喊在高大树干间回响。过了好一会，我劝老人家说，事情都已经过去了，您就别想它了。现在您已经退休了，孩子们也都到美国来了，您没有什么后顾之忧了，何必不把自己的经历写下来呢。张老师说，很多人建议我写自传，我不会写的，太痛心啦。

除了那次在红木森林里“失了态”，其它时间里，年迈的张老师还是很冷静的。跟我的先生谈到他在砖窑厂，谈到冒着生命危险用后背驮大石头的细节时，还笑了起来。跟开玩笑似地说，如果我当年被压死了，你们今天就听不到我的故事了。我打心眼儿里服他，经历了那么多痛苦，还这样幽默乐观！

当他听说我被当地社区大学聘请当英文老师的时候，他欢心地笑了起来，“怎么，你这个中国人要教美国人英文？”我不好意思地说，美国孩子到了高中也不学语法，有的学生连形容词和副词有什么区别都不知道。感谢您们这些英文老师给我打了一个好底子。我看得出来，他为他的学生感到骄傲和自豪。

为了让他开心，我特地请了我读书的“翰伯特大学”英文系的两个教授来我家与他会面。John Turner 教授是研究生主任，也是我的导师，专门教莎士比亚课。Thomas Gage 教授教英文写作理论。他们在给我写博士生推荐信的时候，都提到“翰伯特大学”英文系从来没有接受过中国大陆来的学生，我是他们英文系接受的唯一中国留学生。我告诉他们，培养我英文的张教授从北京来我家，请他们过来聚餐。学校离我家开车 78 英里，他们欣然接受。我真是喜出望外，无比兴奋。我还请了当地红木学院的 Ken Letco 先生，我曾是他的学生，现在我们马上就是同事了，我还请了当地的县图书馆馆长，她也是我的好朋友。

三位英文教授、Gage 先生的太太、我先生和我，七个人坐在大饭桌旁边，开心地畅谈着。张老师告诉他们他本来备了课，上台准备教我们莎士比亚，可是因为文化大革命的原因没能成，到复课闹革命的时候，他只好把教莎士比亚的课，换成教毛主席的著作，大家都笑了。Turner 教授幽默地说，“Lydia made it up in my class”（Lydia 在我这儿补上了）。还说，Lydia 她对莎士比亚的理解那么深刻，出乎我的预料，所以我们破例接受了她进研究生班。看着这几位培养我的英文老师聚在一起谈笑风生，我感到幸福极了。

我的美国先生的专业是绘画，他尤其喜欢画船，不但把当地海港有名的船都画了，他还喜欢维护，上漆，修理真的船。我家曾经有过 7 只大大小小的船。我们买了一只 38 英尺的古典老式木船 (Chris Craft)，先生用我的英文名字 Lydia 来命名，买时还带了一条可以用桨划的小木船，起名为 Lydia Too。我们的船停在离我家 21 英里的奥勒岗州的 Brookings 市的海湾里，旁边有一条河（Chetco River）叫契蔻河。我从小在预科就是舢板队的，非常喜欢划船，游泳也不错（在车道沟贸院西边的运河里，我曾经游过 1，000 米）。我对张老师说，今天我带您去划船吧。他说，好啊。

我和张老师上了那只 Lydia Too 小船，我从海港划出来，拐进了契蔻河。我们一边聊天，一边欣赏两岸美丽的风光。不由自主地我又谈起文化大革命的事情来了，我们班怎么分成两派，友好的同学关系怎么受到了影响，说的有点激动。差不多半个多小时，我想该回去了，要不然我的先生该惦记我们了。张老师说，我们是不是应该拐弯了，因为我是背对着前进的方向划船，我说，还没到呢。话没落音，陡然间海浪开始大了起来，我突然发现，已经错过了划回港湾应该拐弯的地方。

我想自己在契蔻河里划进划出好多次，从没遇到过这样的大浪呀。回头一看，我的妈呀，平常大家喜欢在岸边观看远处海中央的灯塔（St. George Lighthouse）怎么这么清楚，离我们这么近啊！再一看岸边，离得我们很远很远，在水边戏水的人怎么那么小呀，我这才意识到我已经错过了拐角处，我把张老师划进大海啦！

我心里很紧张，可是装作没事一样，说，您说对了，我错过了该拐弯的地方。于是我就加足马力，用我的双手把桨深深地插入水中，用力地划，口中还给自己喊号，1，2，1，2……，奋力地划了 15 分钟，波浪开始渐渐变小，我的 Lydia Too 离开了大海。当我们划回海港回到大船旁边时，我先生气喘吁吁地跳下他的汽车，跑过来激动地说，谢天谢地，你们可回来了！说他刚才正在洗大船，一个认识我们的人跑来紧张地说，你太太把 Lydia Too 划进大海里去了！他远远地看到我和张老师坐的小船飘在海面上，马上开着汽车沿着海边追我们。他说，把我急坏了，等我停下了车朝你挥手的时候，我看你已经从海里往回划了。你俩都没穿救生背心，多危险哪！

我心里庆幸，多亏了我在预科时就经过舢板训练，有多年的水面经验，又有体力把船划回来，否则真出了事，我可怎么向张老师的孩子们交代呀！

晚饭的时候，我把我的担忧说了出来。张老师说了一段话，让我对他不由得心中起敬。他说："我一看浪那么大，就知道 Lydia 错过了拐弯处，我心里很平静，咱们俩都经受了这场考验，谁也没慌张，我们都沉住了气。我想，今天万一出了事，我是游不回去了，这个世上我已活了 74 岁了，够本了"。我哭笑不得地说，您都想到了那一步啦？我可怎么对得起您的全家呀。我们都哈哈大笑起来。

张老师笑着还说，今天我可亲眼看到了 Lydia 这个运动员的水平，没有她的体力，我们就可能跟大海永远做朋友啦。餐桌上的人互相看着，笑声一片。

张老师，我听到了您在天堂里的朗朗笑声，您知道我们都在想您吗？

作者致谢：写这篇缅怀张荫余老师的过程中，我得到了同班学友张义丰、陈震宇、李宝昌和魏子斌等人的帮助支持和鼓励。他们提供的宝贵的材料我也都写进了文章。再此深表感谢。

本文作者，原名李崇俊，后改为李香辉，就读于贸院最后一届预科，后升本科外贸外语系 68 届毕业，分配至四机部贵州凯里工厂任技术翻译。77 年调外交部外交人员服务局，在美国等驻华使馆工作 10 年。后自费赴美读书，获英文写作和英美文学硕士，受聘于美国四所大学。2016 年退休于加州。

附件二 难忘的意大利好友

2016-2020 我在意大利交了几个知心朋友。原照片因印刷原因，未能附上。

2020 年 7 月离开意大利维琴察，与邻居在阳台上合影，姐妹恋恋不舍。疫情期间我每天带她们在屋顶阳台上做气功、打太极、练太极剑。

艾乌吉尼雅是个艺术家，给我写生作画；朱莉安娜，跟我一样陪伴先生来意大利，她的老家就在本地，是个感情丰富的语言老师。

Victoria Lyamina 在当地经常演出。她原是莫斯科的一位歌剧演员，移民到了意大利。我跟她学了两年多，每周一次课。我非常荣幸地被她接受为一对一学西洋发声唱歌的学生。离开意大利前一年她又帮我复习了钢琴并教会了我近十首新钢琴曲。通过她的意大利先生，我了解到她的父辈是为俄罗斯沙皇家庭服务的，我的父辈祖先是为清朝皇族服务的，多么巧合。跟她上课，听她表演真是一种享受。

遗憾的是我初中学的俄语忘的只剩几句话，她不会讲英文，她教我用的都是意大利语，我三个月速成的意大利语勉强应付吧。我已请她和先生来我在美国的家中做客，但疫情的威胁不知要等何年何日，她还是个绘画爱好者，墙上挂的花朵都是她画的。

在我侨居的维琴察当地的音乐学院，我碰到了十几个从中国来的留学生。每年都有十几个中国年轻人到这个音乐学院来学习声乐或钢琴。Lyamina 都教过他们，她还请我几次参加这些中国学生们的演唱会。没想到他们一张嘴，各个都那么专业，真让我喜出望外。

我的理发师好友徐冬凤，浙江青田县人，17 岁就当理发师了，她曾在北京中关村和贵阳开过自己的理发店。两个地方我都住过，我俩真是有缘。在意大利的三年半我的发型都是她做的。我佩服她的毅力、能力，独立、手艺，善心和诚信。她的理发店就在我楼下，我们既是邻居又是朋友，我们还经常交心，一起旅游。她的一家对我关心照顾，让我在异国他乡感到十分温暖。

朱海东，中医按摩师和他小儿子（Franco），他是我和丹尼尔在意大利结交的推拿按摩师，后来成为了我们的好朋友。90年代他从浙江青田县单身来到意大利打拼。因为有温州的老师把手教授，他又勤奋好学，奇迹般治好了很多病人。如今已是四个孙子孙女的爷爷了。感谢他教给了我许多中医知识。

雅娜，移民到意大利的乌克兰医生。我的意大利文课同班同学和网球队友。我俩在一起度过了许多美好时光，几乎每天在一起打网球，吃午饭、桑拿、游泳、谈心。

感谢她和她先生带我参观了意大利的许多古罗马味道浓浓的小城，并带我访问了她的故乡乌克兰基辅。帮我找到了声乐老师。我们在那里每晚听音乐会，看芭蕾舞，票价非常便宜。

2019年11月雅娜带我回到了她的故乡乌克兰基辅。我在乌克兰基辅歌剧院这度过了好几个美丽的夜晚，尽情享受芭蕾舞和歌剧。这次修改我的自传正值俄乌战争，上帝保佑别损坏了这座圣殿般的古老建筑。

雅娜还给我介绍认识了她幼儿园的同学马克，现在是基辅音乐学院的声乐教授，本来要跟他上几节声乐课，但他要出差德国去录音，他给我介绍了他的同事，一位乌克兰女高音声乐教授。感谢上帝，我有机会在基辅音乐学院美丽古老的教室里跟她上了六节声乐课。

在马克的引荐下，我们参观了一所基辅郊区孤儿音乐学校，我跟学生们打了兵乓球，他们给我表演了乐器，我唱了中国民歌。我们在一起度过了美好难忘的时光，至今历历在目。

他们在笑学习 balalaika。他们给我表演了乐器，乌克兰民歌独唱。非常动人。我也给他们唱了一首中国民歌，“跑马溜溜的山上”。我特地穿上了在基辅自由市场购买的手工制作的乌克兰民族服装。我还和他们打了兵乓球，那天玩的开心，快乐，高兴。

音乐是无国界的。校长还带我参观了学校里做巴拉莱卡的作坊，并邀请我到他们学校学习弹 balalaika。

如果我长期住在那里，我真会去的。

在意大利维琴察侨居了三年半交了很多中意朋友，恕我不能一一介绍。

附件三 读者感言

开始我动笔写这篇家史和自传时，目的很简单：就是让我的亲朋好友了解一下我是怎么度过我的一生的。耄耋之年，回忆自己所走过的路也是很欣慰的一件事。还有我们李家门的后代们根本不知道他们的祖先是怎么一回事。就我所知写出来也让他们多少了解一点自己祖上的来历。

边写边给身边的亲人和密友看看，没承想一发不可收拾。好几个高人给了我许多中肯的建议，使整篇文章更有深度和意义。尤其是初稿完成后发给同窗学友及家人征求意见，收到了出乎我意料的充分肯定和好评。我在美国的几个朋友跟我说，她们边看边哭，从中吸取了不少启发和鼓舞。我觉得这篇“自传”早已超出了只是一个回忆的纪录。

我的生活经历已不属于我个人了。我决定发表（还没想好用什么方式发表）。

征得本人同意我把他们给我的回馈挑选在下，以飨读者。

“读完了三姑娘的自传，非常感动。三个字，真善勇。真：原汁原味的生活，不参杂假大空的虚华。善：看到你善良的内心，包容，忍耐，总是赞美别人，没有中国人常有的羡慕嫉妒恨。勇：经历了那么多磨难，不惧怕不屈服，勇敢地抗争终成正果。作为满族女人，我特别理解你的性情。没事不惹事，有事不怕事。天大的事自己一个人担，摸爬滚打咬着牙度过难关。谢谢你呕心沥血几番修改而成的作品，I’m proud of you. Way to go!”

- 王淑绵

“香輝，我仔仔细细看完了你的自传，感触颇深！很感谢你敞开胸怀大胆地把真实的自己完完整整毫不保留地展示给我们！我很喜欢你的性格，开朗，善良，对人诚恳，助人为乐，有很强的求知欲，兴趣爱好广泛，能歌善舞，不满足现状，追求更高的理想，一辈子都在学习新知识！

使我最受感动的是你与疾病顽强抗争的过程，抱着与之决一死战的精神克服了常人难以忍受的痛苦和病痛折磨，终于健健康康快快乐乐地享受人生！真为你高兴！

你详细描述了你的三次婚姻，我们终于明白了他们是多么爱你呀！爱不够呀，我们只有羡慕了！你太幸福了！好好爱他们吧！

人们总以为到了美国一切美好都为你准备好了，这是幻想！你的美国经历是人生奋斗史，一路坎坎坷坷走过来了，一家人幸福快乐地在一起享受生活，我只有祝福你！好好爱自己，照顾好自己！多多保重！谢谢！”

- 陈素存

“看完了。很好！你的自传文笔流畅，因为对你太熟悉了，感觉非常的真实，一个朝气蓬勃，大胆妄为，努力奋斗的李香辉李崇俊呈现在我们面前。”

- 章桂兰

“I have completed the reading of your memoirs. It is indeed a masterpiece. Thank you for allowing me to get a better understanding of your personal life. It is a lucky thing to make you a worth trusting friend.. It is my sincere wish that you will enjoy the rest of your life as happy as you used to be.”

（我已经读完你的回忆录。确实是一篇杰作。谢谢你让我更进一步了解了你个人的生活。很幸运有你这么一个值得信任的朋友。衷心希望你将像以往一样享受你的余生）。

- 魏子斌

李香辉，你的回忆录真实描述了“李家三姑娘”七十余年所走过的自强不息，坚韧奋斗，创造幸福，修成正果，励志人生轨迹！为老同学不凡人生与奋斗精神点赞！

- 张义丰

三姑娘朝代更迭，传统与新潮的撞击，改变了你守旧的性格，造就了你追逐新生事物的意欲。

你能早稻插秧，也能勤于秋收，艰苦锻就了你的坚强。

你俊秀，但不娇羞。打球，游泳，滑冰，体操，但凡能展示自己的，你都没落下，尽显风采。

你叛逆，摒弃世俗，不惑之年，舍家融入青年的出国潮。

你勇敢，文革的创伤没能让你沉沦，毅然闯荡西方魔园。家庭的压力，社会的绯议，病魔的折磨，似乎与你不相干。生性的乐观，让你云开日出，終享晚年别开生面的幸福。

你“放荡不羁”，不甘寂寞，不安于现状，走自己的路，非要做不寻常的自己。你止踏于满清的余缘，信步于新社会的大道，游走于西方世界的幻境。

你赢得了人生，也赢得了无数仰视的目光。

我衷心的祝福你，愿你未来的日子健康安逸！

欣阅大作，甚兴。不时复影匆匆年华，记忆犹新。无奈笔拙，迟语见谅.

- 陈震宇

“香辉，你好！我读完了你的自传。太感动人了！非常生动，文笔漂亮！你勇于解放自己，很有个性、追求自己的理想和幸福、不委屈求全。像你这样性格和品格的人还真不多、好样的！很有成就！这辈子没白活，你是咱们同学中杰出的、我看完后很感动、相信其他同学看后也会有同感的！如允许我会发给其他同学来欣赏、如何？再次感谢你的自传！”

- 徐维强

“自传文以載道。以自身的经历揭示了中国社会的政治体制和人与人之间关系的千态万状。事出有因。唐僧师徒四人西天取经一路千辛万苦，降妖捉怪，历经九九八十一难取得真经。你也好象也有三个伴旅保佑你去西天取了真经成佛。穷则独善其身，达则兼善天下。愿佛祖保佑你，万事如意。”
- Richard Zh

“你的满族家世部分，描述了皇帝被赶出皇宫后，满族一般老百姓的遭遇和真实生活，很感人，我第一次看到八旗的旗徽，你描述的满族人的性格，生活操守，家庭关系，很令人长见识。

你是一个对中国文化知识不懈追求的女性，有很高的文化修养，涉及舞蹈，京剧，武术，音乐等各个方面，在美国在你任教的学院和居住的社区中成为传播中国文化的使者，受到人们的尊敬和喜爱。

- 张玉莲（张献）

“拜读了你修改后的佳作让我感慨良多。想不到你会花费了如此多的心血和时间投入到这写作中去。该作品内容相当丰富，感情十分真挚。后又增添了许多具有历史意义的珍贵照片，使得作品有血有肉，进而多少也体现有时代的色彩。作品以回忆录形式平铺直敍的手法，毫不隐绘地阐述着几十年来自己人生路上的苦与乐。”

-- 王银森

“今天特别的困，六点回到家晚饭都不想吃，想倒头便睡的，睡前习惯性地浏览一下微信，看到你的信息，强忍睡意打开你的手机版自传，刚开始时快速地浏览，想看个大概，心里想着等到精神状态好的时候再仔细用心拜读的，再给你回馈我的读后感的。不承想看到你在化疗时的乐观坚强以及你和金，和 Daniel 的爱情故事的由来，几次被感动得落泪，虽然头脑还不是特别清晰。。。还是想表达一下自己的感受：Daniel 慧眼识珠，你是世界上最美丽的女人！即便你化疗时头发稀疏，甚至真的像尼姑一样没有头发，你也是美丽的！那种美，是内心深处散发出来的，达观，自信，坚强，慈爱，豁达，单纯，善良…不知道还可以用什么样的词汇来形容你。。。你说：“人生就是一个大舞台。我们每个人都是舞台上的演员。无论你演主角还是配角，无论你演的是悲剧还是喜剧，台下的观众有的会陪你哭，有的会陪你笑。有的可能很欣赏你，有的可能不待见你，有的可能根本不在乎。等你演完了，戏结束了，你的人生也走完了。”

我想说，人生如戏，戏如人生…记得几年前你看过我的文字后就曾经鼓励我，把自己的文字整理出来，看过你用几年的时间陆续写出的自传，我突然也有了把自己戏剧性的半生总结归纳整理成文字的冲动，现在还是在困倦的状态！待我不困的时候，再用心拜读你呕心沥血的倾情之作吧！（你带我看过你骑车摔过的那个大下坡地带，那一段我还没读呢！）…你是我在现实生活中见过的最美好的女人！你和 Daneil 的爱情，是比电影小说里的爱情更美好更纯洁更让人感动的真爱！（世界上有几个男人会在女人癌症复发化疗的时候，一根头发都没有的时候，爱上这个女人？？？真正的灵魂深处的爱恋！没有任何杂质的爱情！）感谢你的分享！”

-KiKi

“你的朋友看来也是有故事的人，与你一样也是有点文学水平的人。她说的对，你是美丽，坚强又大气的女人，你最让我感动的是没有了女人最爱的头发还能面对你的学生和朋友。有长时间时一定好好拜读。”

- 虞美人

亲爱的 Lydia：

经过审视的人生才有意义，才更清楚地了知曾经的伤痛，是否能面对，领悟得以平复，疏解，释怀，接纳。你的自传折射了许多中美的历史，文化，以及根生蒂固的中国传统思想和自由开放的西方生活方式表现的不同境界，你本人就是完全的一个中美结合体，你在精神世界高度追求，自律，自修，脸上写满故事，却不见风霜，总是充满活力，你是有着最好状态的女人。作为你的知心好友，我为你自豪，也佩服你永远追求艺术的执著，在人生的道路上勇敢顽强，敢作敢为，清澈透明，你是为理想而来的，爱，需要勇气，放弃，不但需要更大的勇气，还需要底气，只拥吻影子的人，就只拥有幸福的幻影，而你在爱的路上认识了自己，也找到了自己，美好

属于你。 - 郭梅生

今天终于把你的大作全部拜读完毕！对于你的构思和文笔只有一句话“佩服之至”。你的人生虽然你也经历了一些大磨难但你都勇敢刚强果断地面对因而柳暗花明的总能开花结出好果。恭喜！恭喜！

- 虞如真（Jane Shaw）

“感谢三姨的生日礼物，我已经拜读完了，受益匪浅啊！三姨的一生波澜壮阔，通过自己的奋斗体现了您的人生价值，是我们顶礼摩拜的神像，祝您 ：

如月之恒，如日之升。如南山之寿，不骞不崩。如松柏之茂，无不尔或承。 - 叶纯

“非常棒的自传和家史，充实了许多内容，图文並茂，老照片多些更好，但这图文相配需大量的时间去整理，太辛苦。不着急，慢慢弄。文笔精彩流畅，象中篇小说般，收藏慢慢看，谢谢三姨！” - 田汶树

“非常厉害的我的有才华有美貌的三姨。看到您在生病期间与病魔的顽强抗争，才知您是多么不容易，每个人忍耐性是有限的，但是您的忍耐是让所有人佩服的～还有您的所有的求学的渴望也是我们必须要学习的。我们小字辈应该以您为榜样，学无止境，活到老学到老～最最关键的就是您的心态是非常非常的好，值得我们学习学习再学习。我为我有一个这样的三姨而自豪。” - 马晓华

親爱的姐姐你的自传写了好几年终于收笔了。借言：岁老根弥壮，阳骄叶更阴。老骥伏枥，志在千里。在漫长的岁月中我也遇到了很多坎坷曲折的道路，受了很多委屈。生活虽没有你那么富有，但我依然像棵小草一样，在阳光的哺育下历经大自然的春夏秋冬。放心吧我的姐姐。这就是我

们满族女人姑奶奶的作风一营外事争曲直，泼辣有才能，热情开朗，善良贤惠。姐妹这个蕴含着血脉亲情的称呼是多么的亲切啊！姐姐是咖啡妹妹是杯子，姐姐是树枝妹妹是树干，妈妈就是我们的树根。姐妹情谊深又深，短信祝福真又真，万水千山情不断，关怀牵挂到永远。祝姐姐你天天好心情！福如东海长流水，寿比南山不老松！ - 李崇香

一口气读完李香辉师姐大作《李家三姑娘的苦和乐》，真是太感人！回想 2021 年编辑《不忘来时路》时，就曾被香辉师姐记述张荫余教授的细腻文笔所震撼。尤其写到张教授在森林深处发出内心的灵魂呼喊，这是一代知识分子沉淀太久的最后释放啊！

而在《李家三姑娘的苦和乐》中，同样的震撼来自作者对三次婚姻的内心真实袒露和两次治疗癌症的非凡精神毅力。诚如作者坦言，一个人一生中会遇到很多爱你或你爱的异性，然遵循内心的召唤，永远感恩曾相爱共处的恋人，承受分别带来的无限悲痛。

若将内容分别归类，如家庭，求学，三次婚姻，癌症等，以及在农场，工厂中更多细节展开。大作将会更好读。衷心祝愿香辉师姐健康快乐，幸福美满！ - 郝宝生

郝兄：得您研究院首席编辑的称赞和首肯，我替作者感到高兴。李崇俊的故事是让人感动的。跟贸院大多数老五届同学相比，她的经历并不是最复杂的，但是她经历的起伏周折有其特色，这与她移民他国有很大的关系。特别是家庭爱情、身体健康两个方面对一个弱女子心灵深处的巨大撞击让人心痛。这个人与生俱来的顽强让她不低头、不屈服，牙齿咬碎自己吞下，她的人生几个阶段都过得非常充实，读她的文字让你替她焦虑也让人由衷地敬佩。 - 贺麟生

“贸院老五届同学中，后半生升降起伏大的不少。您的回忆录让人感叹万千，老旗人家中的姑娘，十指不沾阳春水，心肝宝贝似的被宠着长大。

京门里常说旗人家的姑奶奶，谁也惹不得，谁说不是呢？虽然没养得一身霸气，但是宁折不弯不甘认输的劲头，在您的一生中体现得淋漓尽致。

我喜欢鲁迅先生的一句话：人一要生存，二要发展。您的为生存和为发展而做出的付出，让人印象深刻，无论是在哪块国土，抑或是对个人的事业，还是爱情和家庭。”

- 贺麟生（新加坡）

www.ingramcontent.com/pod-product-compliance
Lightning Source LLC
Chambersburg PA
CBHW051226130726
47988CB00001B/235
* 9 7 9 8 9 8 6 6 8 4 5 0 5 *